YOUNG ACADEMICS

Corporate and Business Law | 2

Herausgegeben von
Prof. Dr. Alexander Schall, M. Jur. (Oxford)

Jan Bärnreuther

Die Durchgriffshaftung bei der Auslandsgesellschaft & Co. KG

Mit einem Vorwort von Prof. Dr. Alexander Schall, M. Jur. (Oxford)

Tectum Verlag

Jan Bärnreuther
Die Durchgriffshaftung bei der Auslandsgesellschaft & Co. KG

Young Academics: Corporate and Business Law; Bd. 2

© Tectum – ein Verlag in der Nomos Verlagsgesellschaft, Baden-Baden 2023
ISBN 978-3-8288-4982-2
ePDF 978-3-8288-5124-5
ISSN 2941-7201

Gesamtverantwortung für Druck und Herstellung:
Nomos Verlagsgesellschaft mbH & Co. KG
Printed in Germany

Alle Rechte vorbehalten

Besuchen Sie uns im Internet
www.tectum-verlag.de

Bibliografische Informationen der Deutschen Nationalbibliothek
Die Deutsche Nationalbibliothek verzeichnet diese Publikation
in der Deutschen Nationalbibliografie; detaillierte bibliografische
Angaben sind im Internet über http://dnb.d-nb.de abrufbar.

Für Lydia

Vorwort

Die vorliegende Arbeit befasst sich mit einem Klassiker des Gesellschaftsrechts: der Durchgriffshaftung in einer de facto haftungsbeschränkten Personengesellschaft. Viel diskutiert wurde das für die rein deutsche GmbH & Co KG. Die Arbeit beleuchtet die Frage – nach einem ausführlichen Überblick über die Entwicklung des Haftungsdurchgriffs im Richterrecht – mit Blick auf die heute im Binnenmarkt zunehmend relevante Auslandsgesellschaft & Co KG. Dabei ergeben sich besondere Probleme, weil Anknüpfungspunkt der von der h. M. bejahten Geltung der Existenzvernichtungshaftung die analoge Anwendung der §§ 30, 31 GmbHG ist, die von der Komplementärgesellschaft auf die KG erstreckt wird. Ohne deutsche Komplementärgesellschaft gelten aber schon die §§ 30, 31 GmbHG nicht. Das folgt aus der lex societatis.

Der Verfasser zeigt auf der Basis der h. M. überzeugende Wege auf, dennoch zur Anwendung der deutschen Durchgriffsnormen auf die Auslandsgesellschaft & Co KG zu gelangen. Meiner eigenen Überzeugung nach ist die h. M. freilich zu umweghaft (dazu NK-HGB/Schall, 4. Aufl. 2024, § 172 Rn. 49). Warum erst die analoge Geltung der §§ 30, 31 GmbHG in der KG begründen, nur um daran eine lückenfüllende Existenzvernichtungshaftung anzusetzen? Der Gedanke funktioniert doch auch direkt: Der Ansatzpunkt der Existenzvernichtungshaftung in der GmbH war es gerade, einen ruinösen und kompensationslosen Abzug von Vermögen zu erfassen, das zur Befriedigung der Gläubiger gebraucht wurde, dessen Auskehr aber *nicht* von §§ 30, 31 GmbHG erfasst wurde, weil die Vermögenswerte (selbstgeschaffener Goodwill, Kundendateien) oder die anstehenden Schulden (laufende Geschäfte) nicht bilanziert sind. Dazu traten Fälle, wo die Haftung nach §§ 30, 31 GmbHG nicht den durch den

Abzug verursachten Schaden (Zerschlagung) erfasste. Beide Eingriffe hängen aber nicht an der Geltung der §§ 30, 31 GmbHG, sondern sind ohne angemessene Sanktion – und darauf kommt es an – auch unter dem andersartigen Kapitalschutzsystem der KG (§§ 171, 172 HGB) denkbar, die Ausschüttungen aus dem Gesellschaftsvermögen zwar nicht verbieten, aber an eine (ggf. wiederauflebende) persönliche Haftung der Kommanditisten zur Rückzahlung knüpfen. Das Aufleben der Kommanditistenhaftung in der (Auslands-)Kapitalgesellschaft & Co KG ist ebenso wenig eine ausreichende Sanktion wie die §§ 30, 31 GmbHG in der GmbH, wenn durch existenzvernichtende Eingriffe das für die Gläubigerbefriedigung benötigte Vermögen des haftungsbeschränkten Rechtsträgers abgezogen und Zerschlagungsverluste verursacht werden.

Prof. Dr. Alexander Schall, M. Jur. (Oxford)

Abstract

Die vorliegende Arbeit beschäftigt sich mit der Frage, unter welchen Umständen es möglich ist, die Haftungsbeschränkungen einer Auslandsgesellschaft & Co. KG zu durchbrechen. Sie stellt die einzelnen möglichen Fallgruppen dieser Durchbrechung zunächst mit Blick auf eine deutsche GmbH & Co. KG dar und zeigt deren Anwendungsbereiche sowie die jeweiligen Voraussetzungen, damit diese vorliegen. Anschließend weist sie auf, welche dieser Fallgruppen auf die Auslandsgesellschaft & Co. KG übertragbar sind. Abschließend wird dargelegt, welches Recht jeweils auf die einzelnen Fallgruppen anzuwenden ist und wie diese zu einem Haftungsdurchgriff auf die Gesellschafter einer Auslandsgesellschaft & Co. KG führen.

This article discusses the question under which circumstances the limitations of liability of a "Auslandsgesellschaft" & Co. KG can be pierced. It presents the individual possible case groups of this piercing, firstly in relation to a German GmbH & Co. KG, and shows their areas of application as well as the respective prerequisites for these to exist. It then describes which of those case groups is applicable to the "Auslandsgesellschaft" & Co. KG. Finally it states which respective law is applicable to the individual case groups and how the individual case groups lead to a liability piercing to the shareholders of a "Auslandsgesellschaft" & Co. KG.

Inhaltsverzeichnis

1	**Einleitung**	1
2	**Anknüpfungspunkt für die Durchgriffshaftung bei der GmbH & Co. KG**	7
	2.1 Auffassungen in der Rechtsprechung	8
	2.1.1 Zivilgerichtliche Entscheidungen	8
	2.1.2 Arbeitsgerichtliche Entscheidungen	21
	2.1.3 Sozialgerichtliche Entscheidungen	23
	2.1.4 Leitlinien dieser Rechtsprechung	24
	2.2 Auffassung in der Literatur	25
	2.2.1 Fallgruppen in der Kommentarliteratur zur GmbH & Co. KG	26
	2.2.1.1 Haftung aus existenzvernichtendem Eingriff	27
	2.2.1.2 Materielle Unterkapitalisierung	29
	2.2.1.3 Sphärenvermischung	31
	2.2.1.4 Haftung im Konzern	32
	2.2.2 Dogmatische Anknüpfung der Durchgriffshaftung	32
	2.2.2.1 Haftung nach § 826 BGB	32
	2.2.2.2 Haftung nach § 128 HGB analog	38
	2.2.3 Dogmatische Behandlung der Fallgruppen	39
	2.3 Die Rechtslage der GmbH & Co. KG hinsichtlich der Durchgriffshaftung	40
	2.4 Besonderheiten der Übertragung auf die Auslandsgesellschaft & Co. KG	40
	2.4.1 Haftung nach § 826 BGB	41
	2.4.1.1 Haftung wegen existenzvernichtenden Eingriffs	41
	2.4.1.2 Haftung wegen materieller Unterkapitalisierung	45
	2.4.2 Haftung nach § 128 HGB analog	45
	2.5 Anknüpfung einer Durchgriffshaftung bei der Auslandsgesellschaft & Co. KG ...	46

3 Anwendbares Recht im Sinne des IPR 47

   3.1 Anwendbares Recht für die Haftung wegen eines existenzvernichtenden Eingriffs 49

      3.1.1 Anwendbares Recht der Kommanditgesellschaft gegenüber ihren Gesellschaftern 49

      3.1.2 Anwendbares Recht der Gesellschaftsgläubiger gegenüber der Gesellschaft 52

      3.1.3 Deutsches Recht für die Existenzvernichtungshaftung 52

   3.2 Anwendbares Recht auf die Haftung wegen materieller Unterkapitalisierung ... 53

   3.3 Anwendbares Recht auf die Haftung wegen Sphärenvermischung 55

   3.4 Zusammenfassung der anwendbaren Rechte 56

4 Fazit 59

5 Literaturverzeichnis 63

1 Einleitung

Rechtsentwicklungen entstehen häufig aus kreativen kautelarjuristischen Überlegungen, die das bis dahin bekannte Recht vor Probleme stellt, die davor unter Umständen weder für die meisten erkennbar waren noch besprochen wurden. Der Gang einer solchen Rechtsentwicklung lässt sich sehr gut an dem Recht der Kommanditgesellschaften erkennen. Die Kommanditgesellschaft wurde dabei im Laufe der Zeit durch Kautelarjuristen häufig fortentwickelt. Die daraus entstandenen Sonderprobleme wurden sodann im Nachgang durch den Gesetzgeber, die Rechtsprechung und die Wissenschaft gelöst oder befinden sich noch auf dem Weg zu einer Lösung. Nachfolgend soll diese Entwicklung der Kommanditgesellschaft, die aus einer oder mehreren natürlichen Personen als Komplementären mit voller Haftung und einem oder mehreren Kommanditisten mit beschränkter Haftung besteht, zu einer Auslandsgesellschaft & Co. KG mit diversen von der ursprünglichen Vorstellung einer Kommanditgesellschaft abweichenden Gegebenheiten gezeigt werden.

Zu Beginn dieser Entwicklung stehen die Besonderheiten des deutschen Gesellschaftsrechts. Dieses ist unter anderem dadurch gekennzeichnet, dass ein numerus clausus der gesellschaftsrechtlichen Rechtsformen vorgegeben ist, womit ein Rechtsformzwang einhergeht.[1] Diese Kombination schränkt die Vertragsfreiheit wesentlich ein und bedeutet vereinfacht gesagt, dass nur im Rahmen der gesetzlichen Vorgaben Verbände geschlossen werden können.

---

1 *Karsten Schmidt*, Gesellschaftsrecht, S. 96 ff.

Nicht von dem numerus clausus gedeckte Gesellschaften werden in Deutschland grundsätzlich nicht anerkannt.[2]

Sonderprobleme entstehen dann, wenn der numerus clausus und der Rechtsformzwang durch die Kautelarpraxis im Wege der Typenmischungen faktisch erweitert werden. Als Paradebeispiel gilt hier die GmbH & Co. KG. Diese wurde spätestens mit dem berühmten Beschluss des Reichsgerichts vom 4. Juli 1922[3] eingeführt und ist trotz anfänglicher Bedenken[4] seitdem vollständig anerkannt.[5] Die daraus erwachsenden Problemkreise der GmbH & Co. KG beziehen sich insbesondere auf die Frage, wie dem Umstand Rechnung getragen werden soll, dass, anders als vom Gesetzgeber vorgesehen, keine natürliche Person mit ihrem Privatvermögen für die Verbindlichkeiten der Kommanditgesellschaft eintreten muss.[6]

Weitere, vom Gesetz nicht antizipierte Problemkreise entstehen, wenn neben der Typenmischung deutscher Gesellschaftsformen ausländische Gesellschaftsformen hinzutreten. So führt die Anerkennung diverser Gesellschaftsformen unterschiedlicher Rechtsordnungen mit teilweise ausländischen Satzungssitzen aufgrund der partiellen Anwendung der Gründungstheorie im deutschen Recht[7] zu weiteren möglichen Gestaltungen. Für EU-ausländische Gesellschaften gilt die Gründungstheorie spätestens seit der Rechtsprechung des EuGH in den Fällen Centros[8], Überseering[9] und Inspire

---

2 Beispielhaft zur GbR mbH: BGHZ 142, 315.
3 RGZ 105, 101–106.
4 Vgl. *Karsten Schmidt*, Gesellschaftsrecht, S. 112 m. w. N.
5 Mittlerweile bildet die GmbH & Co. KG den Großteil der eingetragenen Kommanditgesellschaften. So sind im Registerbezirk Hamm rund 83 % der eingetragenen Kommanditgesellschaften Kapitalgesellschaften & Co. KG, wobei bei 93 % eine GmbH als Komplementärin und bei 6 % eine UG als Komplementärin eingetragen sind; vgl. *Lieder/Hoffmann*, NZG 2021, 1045, 1056.
6 Eingehend zu den Problemkreisen *Karsten Schmidt*, Gesellschaftsrecht, S. 1621 ff.
7 Vgl. näher hierzu *Jessica Schmidt*, EuZW 2021, 631.
8 EuGH ECLI:EU:C:1999:126 = NZG 1999, 298.
9 EuGH ECLI:EU:C:2002:632 = NZG 2002, 1164.

Art[10] als geltendes Recht. Bei mit nicht-EU-ausländischen Gesellschaften gilt die Gründungstheorie teilweise aufgrund separater Staatsverträge.[11] Die Anwendung der Gründungstheorie führt in diesen Fällen zu sogenannten „Typenvermischungen über die Grenze"[12]. Die Typenmischung ist damit nicht nur auf die deutschen Gesellschaftsformen (GmbH, AG, Stiftung etc.), sondern auch auf die supranationalen Gesellschaftsformen der EU (EWIV, SE etc.) sowie sämtliche Gesellschaften der EU-Mitgliedstaaten anwendbar.[13]

Diese Möglichkeit wird durch die Kautelarpraxis genutzt und führt zu einer Vielzahl von typengemischten Kommanditgesellschaften unter Verwendung einer ausländischen Kapitalgesellschaft als Komplementärin. Prominente Beispiele sind die Müller Handels GmbH & Co. KG mit ihrer Komplementärin, der MVG Beteiligungs GmbH, einer liechtensteinischen GmbH mit Sitz in Vaduz, eingetragen beim Registergericht Vaduz unter FL-0002.604.225 – 9[14], die Rolls-Royce Deutschland Ltd. & Co. KG mit ihrer Komplementärin, der Rolls-Royce General Partner (Ireland) Limited, einer irischen Limited mit Sitz in Dublin, eingetragen beim Companies Registration Office Ireland unter CRN: 646321[15], und die H & M Hennes & Mauritz B. V. & Co. KG mit ihrer Komplementärin, der H & M Hennes & Mauritz Management B. V., einer niederländischen B. V. mit Sitz in Amsterdam, eingetragen bei der Chamber of Commerce for Amsterdam, File Nr. 33260603[16]. Diese Beispiele zeigen, dass die Auslandsgesellschaft & Co. KG keine theoretische Möglichkeit ist,

---

10 EuGH ECLI:EU:C:2003:512 = NZG 2003, 1064.
11 Zu den einzelnen völkerrechtlichen Verträgen vgl. MüKoBGB/*Kindler*, Internationales Wirtschaftsrecht Teil 10: Internationales Handels- und Gesellschaftsrecht [Kaufleute, Juristische Personen und Gesellschaften], Rn. 332.
12 MüKoBGB/*Kindler*, Internationales Wirtschaftsrecht Teil 10: Internationales Handels- und Gesellschaftsrecht [Kaufleute, Juristische Personen und Gesellschaften], Rn. 557 m. w. N.
13 *Klöhn/Schaper*, ZIP 2013, 49.
14 Stand 07.03.2023.
15 Stand 07.03.2023.
16 Stand 07.03.2023.

sondern rege im Rechtsverkehr genutzt wird. Im Folgenden wird auf die Beispiele nicht weiter eingegangen.

Neben der Typenmischung innerhalb der EU-Staaten mit sämtlichen daraus erdenklichen Kombinationen der unterschiedlichen Gesellschaftsformen, für die nach der Rechtsprechung des EuGH die Gründungstheorie bereits aus materiellem deutschem Recht heraus anwendbar ist, ist die grenzüberschreitende Typenmischung auch für Gesellschaften, die nicht aus dem EU-Ausland stammen, möglich, sofern diese Gesellschaften aufgrund völkerrechtlicher Grundlage in Deutschland anerkannt werden.[17] Fehlt es an der Anerkennung, ist eine Typenmischung nicht möglich, da insoweit die Sitztheorie gilt und die betreffenden ausländischen Gesellschaften als solche nicht anerkannt werden.[18]

Die Hintergründe dieser Typenmischungen sind mannigfaltig. So kann die Typenmischung genutzt werden, um eine Mitbestimmung zu vermeiden, um die Vorteile der Steuertransparenz zu nutzen, um die Corporate-Governance-Struktur einer anderen Rechtsordnung zu nutzen oder um mit Hilfe einer „Anwachsung" eine einfache Form der Vermögensübertragung auf die ausländische Kapitalgesellschaft zu ermöglichen.[19] Diese Gesellschaften werden streng nach dem numerus clausus der Gesellschaftsformen als GbR, oHG oder Einzelunternehmer klassifiziert.

Ein klassisches Problem der Typenmischung einer Kommanditgesellschaft mit einer Kapitalgesellschaft als Komplementärin, deren eigene Haftung gesetzlich begrenzt ist, ist der Gläubigerschutz. Das zeigt sich bereits an der gesetzgeberischen Idee der Kommanditgesellschaft. § 161 Abs. 1 HGB definiert den Komplementär als „Gesellschafter[, bei dem] eine Beschränkung der Haftung nicht stattfin-

---

17 *Klöhn/Schaper*, ZIP 2013, 49; eine Auflistung der wesentlichen völkerrechtlichen Abkommen findet sich bei MüKoBGB/*Kindler*, Internationales Wirtschaftsrecht Teil 10: Internationales Handels- und Gesellschaftsrecht [Kaufleute, Juristische Personen und Gesellschaften], Rn. 331 ff.
18 BGHZ 178, 192 „Trabrennbahn" m. w. N.
19 *Christoph Teichmann*, ZGR 2014, 222 f.

det (persönlich haftende Gesellschafter)". Die Gesetzessystematik geht somit davon aus, dass ein Gesellschafter der Kommanditgesellschaft unbeschränkt haftet. Bereits das Reichsgericht hat sich mit dieser Problematik beschäftigt und dazu unter anderem ausgeführt, dass die GmbH nicht per se weniger kreditfähig sei oder den Gesellschaftsgläubigern eine geringere Sicherheit bieten könne. Insbesondere könne auch eine natürliche Person als Komplementär in Vermögensverfall geraten oder versterben.[20] Damit hat das Reichsgericht gezeigt, dass derartige Probleme nicht a priori gegen eine Typenmischung sprechen, sondern auf anderer Ebene zu lösen sind.

Aufgrund dieser Entwicklungen und Überlegungen haben sowohl die Rechtsprechung der Obergerichte als auch die Literatur Fallgruppen herausgearbeitet, die mit dieser Typenmischung einhergehen und bei denen die beschränkte Haftung der Gesellschafter der Komplementär-Kapitalgesellschaft sowie die summenmäßig beschränkte Haftung der Kommanditisten unbillig erscheinen. Mit dieser Problematik und den entsprechenden Überlegungen zu einer Durchbrechung der beschränkten Haftung beschäftigt sich die vorliegende Arbeit.

Im ersten Teil werden unter Bezug auf die rein deutsche Typenmischung der GmbH & Co. KG die dort diskutierten und entschiedenen Fallgruppen behandelt und eingeordnet. Darauffolgend werden die Besonderheiten aufgezeigt, die die „grenzüberschreitende Typenmischung" mit sich bringt, insbesondere im Hinblick auf das in diesen Fällen anzuwendende Recht. Abschließend werden die beiden Untersuchungen zusammengeführt und es wird aufgezeigt, welche Folgen eine stringente Anwendung der herausgearbeiteten dogmatischen Grundlinien hat.

---

20 RGZ 105, 104 f.

2 Anknüpfungspunkt für die Durchgriffshaftung bei der GmbH & Co. KG

Eine Durchgriffshaftung in Form eines Durchbrechens der jeweiligen Haftungsbeschränkung wird in der Literatur und in der Rechtsprechung unterschiedlich betrachtet, behandelt und dogmatisch hergeleitet. Häufig werden einzelne Fallgruppen herausgearbeitet, die wiederum selbst unterschiedlich behandelt werden. Als wesentliche Fallgruppen sind denkbar:

- Durchgriff des Gesellschaftsgläubigers auf den Gesellschafter wegen Gesellschaftsverbindlichkeiten (direkter Durchgriff)
- Durchgriff des Gesellschaftsgläubigers auf die Gesellschaft wegen Gesellschafterverbindlichkeiten (umgekehrter Haftungsdurchgriff)[21]
- Durchgriff im Wege der Vollstreckung (Einzel- oder Gesamtvollstreckung) auf den Gesellschafter wegen Gesellschaftsverbindlichkeiten (indirekter Haftungsdurchgriff)

Zum Zwecke dieser Untersuchung wird unter Haftungsdurchgriff grundsätzlich sowohl der direkte als auch der indirekte Anspruch gegenüber den Gesellschaftern verstanden. Direkte Ansprüche sind solche, die die Gesellschaftsgläubiger unmittelbar gegenüber den Gesellschaftern haben, indirekte sind diejenigen Ansprüche, die seitens der Gesellschaft gegenüber den Gesellschaftern bestehen, die ein Gesellschaftsgläubiger selbst im Wege der Einzelzwangsvollstreckung pfänden kann oder die ein Insolvenzverwalter im Rahmen eines Gesamtvollstreckungsverfahrens, des Insolvenzverfahrens, geltend macht. Der Fall des umgekehrten Haftungsdurchgriffs

---

21 Zu den beiden Fallgruppen vgl. *Claudia Schmidt*, Der Haftungsdurchgriff und seine Umkehrung im internationalen Privatrecht, S. 2.

soll nicht Gegenstand der vorliegenden Arbeit sein, da diese nicht den Gläubigerschutz in den Blick nimmt. Nicht gesondert untersucht werden zudem Ansprüche, die aus anderen Gründen zu einer Haftung der Gesellschafter führen, wie eine Rechtsscheinhaftung, Bürgschaft, culpa in contrahendo oder Ähnliches.

2.1 Auffassungen in der Rechtsprechung

In der Rechtsprechung wurde die Frage nach einer Durchgriffshaftung sowohl von Zivilgerichten als auch von Arbeits- und Sozialgerichten zu unterschiedlichen Gesellschaften entschieden. Entscheidend ist dabei, wie nachfolgend gezeigt wird, dass die Rechtsprechung stets die begrenzte Haftung in den Blick genommen und nicht zwischen juristischen Personen und Personengesellschaften differenziert hat. Die Rechtsprechung stellt in ihren Entscheidungen besonders das Regelausnahmeverhältnis eines Durchgriffs in den Mittelpunkt.[22] Dabei hat sie sich mit nahezu allen Gesellschaftsarten und Verbänden befasst, die bei der Rezeption der Rechtsprechung daher insgesamt in Betracht gezogen werden müssen.

Zum besseren Verständnis der Problemlagen soll nachfolgend die Rechtsprechung der Obergerichte bewusst historisch dargestellt werden, um die Problemlagen an konkreten Problemfällen besser einordnen zu können.

2.1.1 Zivilgerichtliche Entscheidungen

Mit der Frage des Haftungsverhältnisses zwischen einer Gesellschaft und ihren Gesellschaftern beschäftigte sich schon das Reichsgericht. Dabei entschied es in ständiger Rechtsprechung, dass grundsätzlich zwischen den verschiedenen Rechtssubjekten, einer juristischen

---

22 *Schweizer*, ZVglRWiss 2019, 7.

Person und einem Gesellschafter, zu unterscheiden ist, wobei es von diesem Grundsatz Ausnahmen geben kann, die der Entscheidung des Gerichts im Einzelfall unterliegen.[23] Im Ergebnis wurde die Trennung zwischen der Sphäre der Gesellschaft und der Sphäre der Gesellschafter jedoch aus unterschiedlichen Gründen vom Reichsgericht selbst nicht aufgehoben, sondern lediglich partiell angepasst. Einzig im Rahmen der sogenannten Aufwertungsrechtsprechung wurde diese Trennung insoweit außer Kraft gesetzt, als nicht nur die Vermögensverhältnisse der Gesellschaft, sondern auch die des Alleingesellschafters in den Aufwertungsmaßstab einbezogen wurden.[24] Anders gesagt wurde in diesen Fällen die Vermögenssphäre der Gesellschaft mit der Vermögenssphäre des Gesellschafters gleichgestellt. Der dogmatische Anknüpfungspunkt wurde dabei, wie in der Aufwertungsrechtsprechung grundsätzlich ausgeführt, in § 242 BGB und dem Prinzip von Treu und Glauben gesehen.[25] Zuletzt in dem Urteil des RG vom 29.06.1942[26] wurde die Gleichstellung der Gesellschaft mit dem Alleingesellschafter nur bei einem Verstoß gegen Treu und Glauben aufgrund eines etwaigen Rechtsmissbrauchs bei der Berufung auf eine Trennung der unterschiedlichen Sphären begründet, im konkreten Einzelfall jedoch nicht angenommen. Das Reichsgericht selbst musste sich im Ergebnis mit der Frage, ob ein Gesellschafter für die Schulden der Gesellschaft bei einer entsprechenden gesellschaftsrechtlichen Haftungsbeschränkung einstehen muss, nicht befassen. Es stellte lediglich eine entscheidende Grundfeste auf, indem es sagte, dass der Grundsatz der Trennung zwischen Gesellschaft und Gesellschafter ausschließlich in Ausnahmefälle durchbrochen werden dürfe.

In der Bundesrepublik setzte der BGH sodann auf der Rechtsprechung des Reichsgerichts auf und formte diese in einer Reihe von

---

23 RGZ 99, 232, 234; 103, 64, 66; 126, 46,48 f.; 129, 50, 53 f.; 130, 340, 343; 143, 429, 431; 156, 271, 277; 169, 240, 248.
24 RGZ 129, 50, 53 f.; 130, 340, 343.
25 RGZ 129, 50, 53.
26 RGZ 169, 240, 248.

Entscheidungen aus. So entschied der erste Zivilsenat des BGH mit Urteil vom 03.07.1953[27] zu einem direkten Durchgriffshaftungsfall. Inhalt der Entscheidung war, dass eine Aufrechnung zwischen einem Schuldner und einer Kriegsgesellschaft des Reichs als Gläubigerin auch dann möglich ist, wenn es an der Gegenseitigkeit der Forderungen fehlt, soweit die Kriegsgesellschaft für sich betrachtet lediglich als zweckgebundenes Vermögen des Reiches anzusehen ist. Der BGH stellte in diesem Fall die Kriegsgesellschaft mit dem Reich gleich, sagte damit, dass die Gesellschaft und deren einzige Gesellschafterin gleichzusetzen seien, und definierte diesen Fall als direkten Fall eines Durchgriffs.

Mit Urteil vom 26.05.1955[28] entschied das OLG Nürnberg einen Fall der Vermischung der Sphären des Gesellschafters mit den Sphären der Gesellschaft. Der konkrete Einzelfall bewegte das OLG Nürnberg dazu, die Trennung zwischen einer GmbH und deren Gesellschafter aufzuheben. Es handelte sich dabei um einen Fall, in dem der Gesellschafter der GmbH durch bewusste Namensgebung und -verwendung, durch die Führung inhaltlich identischer Geschäftsbetriebe der GmbH und selbst als Einzelunternehmer, durch den Sitz in demselben Geschäftslokal sowie durch die Vertretung durch einen Geschäftsführer, der zugleich bevollmächtigt war, für den Einzelunternehmer aufzutreten, den Eindruck erweckt hatte, dass die GmbH und der Einzelunternehmer einen Geschäftsbetrieb bildeten. Ohne hier die später vertretenen Fallgruppen aufzugreifen, wurde in diesem Fall das Durchbrechen der Trennung zwischen juristischer Person und deren Gesellschafter nach Treu und Glauben angenommen. In diesem Rechtsstreit hatte das zur Folge, dass der Beklagte sich (aufgrund des erweckten Eindrucks des einheitlichen Geschäftsbetriebs) erfolgreich auf die Arglisteinrede berufen konnte. Auf eine eigene Anspruchsgrundlage kam es im Streitfall nicht an.

---

27 BGHZ 10, 205 ff.
28 OLG Nürnberg, Urteil vom 26.05.1955 – 3 U 276/54 = WM 1955, 1566.

Mit Urteil vom 30.01.1956[29] befasste sich der zweite Zivilsenat des BGH erstmals mit der Frage der Trennung zwischen einer Gesellschaft und deren Gesellschafter im Rahmen der umgekehrten Durchgriffshaftung. Inhaltlich hatte der BGH die Frage zu beantworten, ob eine Tochtergesellschaft für Verbindlichkeiten der Muttergesellschaft, der umgekehrte Fall einer Durchgriffshaftung im Sinne dieser Untersuchung, einzustehen habe. Im Ergebnis bekräftigte der BGH die Rechtsprechung des Reichsgerichts, indem er sagte, dass die Rechtsform einer juristischen Person nicht leichtfertig und schrankenlos übergangen werden dürfe. Die Entscheidung hatte zwei GmbH als Mutter- und Tochtergesellschaft sowie deren Verhältnis zu einem Dritten zum Gegenstand.

Erstmals mit Urteil vom 29.11.1956[30] entschied sodann der zweite Zivilsenat des BGH die Frage, ob ein Alleingesellschafter einer GmbH für Gesellschaftsschulden haftet und damit der Grundsatz der Trennung der verschiedenen Rechtssubjekte durchbrochen werden kann. Der zugrunde liegende Sachverhalt stellte sich vereinfacht so dar, dass ein ehemaliger Angestellter einen Pensionsanspruch gegenüber einer extra hierfür errichteten GmbH hatte. Diese GmbH wurde aufgrund diverser externer Einflüsse umgewandelt und stand vollständig unter dem Einfluss der alleinigen Muttergesellschaft. Die Dienste des Angestellten wurden ausschließlich zu Gunsten der Muttergesellschaft erbracht. Nach Einritt des Pensionsalters wurde zunächst eine verkürzte Pension und anschließend nach Löschung der Gesellschaft keine Pension mehr gezahlt. Der BGH entschied nunmehr in diesem Fall, dass einem Gesellschafter die Regelung des § 13 Abs. 2 GmbHG nicht zugutekommen könne, wenn das Berufen auf die förmliche Verschiedenheit von Gesellschaft und Gesellschafter gegen Treu und Glauben verstoße. Er stellte hierzu drei Fallgruppen zusammen, die einen solchen Verstoß gegen Treu und Glauben darstellen können. Als erste Fallgruppe nahm er das

---

29 BGHZ 20, 5 ff.
30 BGHZ 22, 226 ff.

Anscheinerwecken einer persönlichen Haftung des Gesellschafters an, wobei er auf die Rechtsprechung des Reichsfinanzhofes zurückgriff.[31] Als zweite Fallgruppe nannte er die Vermischung des Privatvermögens des Alleingesellschafters mit dem Gesellschaftsvermögen, wobei hier auf eine Entscheidung des OLG Karlsruhe Rückgriff genommen wurde.[32] Als dritte Fallgruppe sah er das Vorschieben einer juristischen Person, um Vorteile zu erhalten oder zu behalten, die ohne dieses Vorschieben nicht erlangt werden könnten, wobei er sich auch hier auf die Rechtsprechung des Reichsgerichts bezog.[33] Damit wurde erstmals in der oberstgerichtlichen Rechtsprechung die Durchgriffshaftung in einzelne Fallgruppen aufgeteilt, ohne dass eine gesonderte Anspruchsgrundlage für diesen Haftungsanspruch definiert wurde. Dogmatisch wäre der Pensionsanspruch als vertraglicher Anspruch damit direkt gegen die Muttergesellschaft geltend zu machen, da § 13 Abs. 2 GmbHG nicht dagegen eingewandt werden könnte. Im konkreten Einzelfall hat der BGH in dieser Entscheidung jedoch den Durchgriffsanspruch inhaltlich abgelehnt.

Mit Urteil vom 07.11.1957[34] weitete der zweite Zivilsenat des BGH die bis dahin in der Rechtsprechung herausgearbeiteten Grundsätze zur ausnahmsweisen Aufhebung der Trennung zwischen dem Alleingesellschafter und der Gesellschaft auf die Fälle aus, in denen ein Gesellschafter die Gesellschaft derart beherrscht, dass sie im Rechtsleben als unselbstständiges Werkzeug erscheint. Er zeigte damit, dass der maßgebliche Anknüpfungspunkt nicht die Stellung als Alleingesellschafter, sondern die Beherrschung der Gesellschaft ist. Damit erweiterte der BGH die Fälle einer Durchgriffshaftung von Fällen einer Einmann-Gesellschaft auf alle Gesellschaften und damit denknotwendig auch auf haftungsbeschränkte Personengesellschaften jeglicher Art.

---

31 RFH, Urteil vom 27.11.1925 – V A 258/25 S = JW 1926, 1483 f. m. Anm. *Pinner*.
32 OLG Karlsruhe, Urteil vom 10.12.1942 – 3 U 144/41 = DR 1943, 811.
33 RG, Urteil vom 16. 12. 1939 – II 66/39 = DR 1940, 580.
34 BGHZ 26, 31 ff.

Mit Urteil vom 26.11.1957[35] entschied der achte Zivilsenat des BGH, dass für die Frage einer Durchgriffshaftung ein subjektiver Gesichtspunkt hinzukommen müsse, der das Berufen des Gesellschafters auf die Selbstständigkeit der GmbH als Verstoß gegen Treu und Glauben begründet. Er führte dazu aus, dass die Nutzung eines Betriebsgrundstücks, das im Eigentum des Alleingesellschafters steht, für die GmbH für die Begründung einer Vermögensvermengung nicht ausreiche. Interessant ist, dass der BGH in dieser Entscheidung den Durchgriff erstmals als eigene Haftung des Gesellschafters für Verbindlichkeiten der Gesellschaft bezeichnete.

Mit Urteil vom 17.03.1966[36] entschied der zweite Zivilsenat des BGH für eine Kommanditgesellschaft, dass es keinen Gleichlauf von Handlungsbefugnissen und persönlicher Haftung geben müsse. Aus diesem Grund wurde dem Kommanditisten das Berufen auf die Haftungsbeschränkung nicht versagt, selbst wenn er wirtschaftlich Inhaber des Geschäftsbetriebs war und eine vermögenslose Komplementärin zur Leitung des Geschäftsbetriebs ausgewählt hatte. Hier zog der BGH den Vergleich zur GmbH & Co. KG, die bei einer Kommanditgesellschaft aufgrund der beschränkten Haftung der Komplementärin kraft Rechtsform ebenfalls nicht zu beanstanden sei.

Mit Urteil vom 08.07.1970[37] entschied der achte Zivilsenat des BGH, dass in diesem konkreten Einzelfall ausnahmsweise ein Durchbruch der Differenzierung zwischen einem eingetragenen Verein und dessen Vereinsmitgliedern anzunehmen sei und die Vereinsmitglieder daher für Verbindlichkeiten des Vereins mit ihrem Privatvermögen hafteten. Dogmatisch leitete der BGH die Ansprüche der Vereinsgläubigerin gegenüber den Vereinsmitgliedern daraus ab, dass den Vereinsmitgliedern ein Berufen auf die Trennung zwischen Verein und Vereinsmitgliedern nach Treu und Glauben verwehrt sei. Inso-

---

35 BGH, Urteil vom 26.11.1957 – VIII ZR 301/56 = BB 1958, 169.
36 BGHZ 45, 204 ff. „Rektorfall".
37 BGHZ 54, 222 ff.

fern leitete der BGH einen Direktanspruch der Vereinsgläubigerin gegen die Vereinsmitglieder her. Ohne hierzu konkrete Ausführungen vorzunehmen, scheint der BGH die vertraglichen Ansprüche der Vereinsgläubigerin gegen den Verein als vertragliche Ansprüche gegenüber den Vereinsmitgliedern – in diesem konkreten Fall – gedacht zu haben. Die Problematik einer etwaigen Gesamtschuld der Vereinsmitglieder oder der konkreten Ausgestaltung der vertraglichen Ansprüche gegenüber den Vereinsmitgliedern blieb unbesprochen. *Karsten Schmidt* äußerte zu dieser Entscheidung bereits die Kritik, dass zum einen maßgeblich subsumtionsfähige Kriterien zur Begründung einer Durchgriffshaftung nicht herausgearbeitet worden seien und zum anderen der konkrete Fall sich schwerlich für eine grundsätzliche Übertragbarkeit eigne. So sei der Verein mehr „vermögenslose Verrechnungsstelle" gewesen, die der Idee nach keine Haftungsbeschränkung darstellen sollte und darstellen durfte.[38]

Mit Urteil des Hanseatischen Oberlandesgerichts Hamburg vom 15.02.1973[39] wurde erstmals in der Rechtsprechung diskutiert, ob neben den bis dahin bekannten Fallgruppen auch eine Unterkapitalisierung eine Durchgriffshaftung begründen könne. Dabei kam das Hanseatische Oberlandesgericht jedoch zu dem Ergebnis, dass die Ausstattung mit Eigenkapital grundsätzlich im Ermessen der Gesellschafter stehe und damit eine Unterkapitalisierung nicht per se einen Durchgriffsgrund darstelle. Es blieb vielmehr bei der bisherigen Linie der Rechtsprechung, dass die Durchbrechung nur ausnahmsweise in Betracht kommt und nur in diesen Fällen aufgrund von Treu und Glauben begründet ist. Als weiteren Anknüpfungspunkt für eine Durchgriffshaftung sprach das Hanseatische Oberlandesgericht die Vorspiegelung falscher Vermögensverhältnisse an.

---

38 *Karsten Schmidt*, JZ 1970, 687, 688 f.
39 Hanseatisches Oberlandesgericht Hamburg, Urteil vom 15.02.1973 – 3 U 126/72 = BB 1973, 1231.

Mit Urteil des sechsten Zivilsenats des BGH vom 14.05.1974[40] stellte dieser klar, dass eine Durchgriffshaftung neben vertraglichen auch für deliktische Ansprüche denkbar sei, ohne aber die Voraussetzungen der Durchgriffshaftung ansonsten fortzubilden.

Mit Urteil vom 04.05.1977[41] entschied der achte Zivilsenat des BGH, die bisherige Rechtsprechung des BGH weiterführend, erneut, dass dann, wenn schwerwiegende Gesichtspunkte aus Treu und Glauben es erforderten, ein unmittelbarer Durchgriff auf die Gesellschafter einer GmbH möglich sei. Ein Fall des Durchgriffs stellt die Unterkapitalisierung jedoch nach Ansicht des BGH nicht dar, da die Regelungen der §§ 30, 31 GmbHG und des Insolvenzrechts ausreichend seien und damit nicht auf ein gesondertes Institut zurückgegriffen werden müsse.

Mit Urteil vom 12.11.1984[42] entschied der zweite Zivilsenat des BGH erstmals für eine GmbH & Co. KG zu der Frage der Durchgriffshaftung wegen Vermögensvermengung. Inhaltlich stellte er dabei Kapital- und Kommanditgesellschaften gleich. Eine dogmatische Anknüpfung der Durchgriffshaftung in dem Sinne, dass die Frage beantwortet worden wäre, aus welchem konkreten Rechtsgrund bzw. auf welcher Anspruchsgrundlage die Durchgriffshaftung folgen könne, ließ der BGH mangels Entscheidungserheblichkeit offen. Der Anspruch wurde in der Entscheidung abgelehnt.

Im Urteil vom 16.09.1985[43] befasste sich der zweite Zivilsenat des BGH in der sogenannten „Autokran-Entscheidung" zur Durchgriffshaftung im Recht der GmbH mit mehreren entscheidenden und zu diesem Zeitpunkt neuen Punkten. Zunächst bestätigte er, dass in den Ausnahmefällen, in denen sich der GmbH-Gesellschafter nicht auf die rechtliche Selbstständigkeit der juristischen Person und damit nicht auf § 13 Abs. 2 GmbHG berufen dürfe, dessen Haf-

---

40 BGH, Urteil vom 14.05.1974 – VI ZR 8/73 = NJW 1974, 1371 ff.
41 BGHZ 68, 312 ff.
42 BGH, Urteil vom 12.11.1984 – II ZR 250/83 = NJW 1985, 740 f.
43 BGHZ 95, 330 ff. „Autokran".

tung aus einer entsprechenden Anwendung der §§ 105, 128 HGB folge und diesem Gesellschafter ausschließlich im Rahmen des § 129 Abs. 1 HGB bei dessen entsprechender Anwendung Einwendungen zustünden. Des Weiteren begründete er die Anwendbarkeit der §§ 303, 322 Abs. 2 AktG bei entsprechender Anwendung und damit die Anwendung der persönlichen Haftung aus konzernrechtlichen Gesichtspunkten, wenn die dortigen Voraussetzungen erfüllt seien. Als herrschendes Unternehmen ließ der BGH dabei auch eine Einzelperson gelten. Mit dieser Entscheidung erfolgte erstmals eine dogmatische Herleitung der Durchgriffshaftung durch den BGH, die er in zwei Richtungen vornahm: zum einen nach konzernrechtlichen Gesichtspunkten und zum anderen entsprechend §§ 128, 129 HGB.

Die Rechtsprechung zur Haftung nach konzernrechtlichen Grundsätzen führte der BGH in der Folgezeit fort und bestätigte die dogmatische Herleitung der persönlichen Haftung noch in mehreren Entscheidungen.[44] Auf die Einzelheiten dieser Rechtsprechung, die neue dogmatische Wege gegangen ist, muss hier nicht näher eingegangen werden, da sie inzwischen überholt ist.

Mit Urteil vom 13.04.1994[45] des zweiten Zivilsenats des BGH entschied dieser zu der Frage, ob bei einer Vermögensvermengung die Reichweite des Einflusses des Gesellschafters, auf dessen Vermögen zugegriffen werden soll, maßgeblich sei. Zunächst führte der BGH in dieser Entscheidung aus, dass ausnahmsweise das Vermögen des Gesellschafters dem Gläubiger zur Erfüllung von Gesellschaftsverbindlichkeiten zur Verfügung stehe, wenn ein Fall der Vermögensvermengung vorliege. Eine dogmatische Herleitung des Anspruchs erfolgte im konkret entschiedenen Fall erneut nicht.

---

44 BGHZ 115, 187 ff. „Video"; BGHZ 122, 123 ff. „TBB"; BGH; Urteil vom 13.12.1993 – II ZR 89/93 = NJW 1994, 446 f. „EDV-Peripherie"; BGH, Urteil vom 19.09.1994 – II ZR 237/93 = NJW 1994, 3288 ff. „Architektenfall"; BGH, Urteil vom 25.11.1996 – II ZR 352/95 = NJW 1997, 943 ff.; BGH, Urteil vom 02.10.2000 – II ZR 64/99 = NJW 2001, 126 f.
45 BGHZ 125, 366 ff.

Weiter entschied der BGH, dass nur derjenige Gesellschafter mit seinem Vermögen hafte, der für den Vermögensvermischungstatbestand verantwortlich sei. Damit stellte er erneut eine subjektive Anforderung an den Durchgriff.

Mit Urteil vom 17.09.2001[46] verwarf der zweite Zivilsenat des BGH in seiner sogenannten „Bremer Vulkan"-Entscheidung seine dogmatische Herleitung der konzernrechtlichen Anknüpfung einer Durchgriffshaftung im Sinne der „Autokran-Entscheidung"[47]. Eine neue dogmatische Herleitung der Durchgriffshaftung wurde dabei jedoch nicht aufgezeigt.

Mit Urteilen vom 25.02.2002[48], 24.06.2002[49] und 13.12.2004[50] setzte der zweite Zivilsenat des BGH die Rechtsprechung im Sinne seiner Entscheidung „Bremer Vulkan"[51] fort und präzisierte den direkten Anspruch der Gesellschaftsgläubiger gegenüber den Gesellschaftern für den Fall, dass die Gesellschafter die Zweckbindung des Gesellschaftsvermögens missachteten, worin er einen existenzvernichtenden Eingriff erkannte. Hierbei sah der BGH jedoch die Regelungen der §§ 30, 31 GmbHG als vorrangig anwendbar an.

Mit Urteil vom 14.11.2005[52] des zweiten Zivilsenats des BGH entschied dieser, dass die Vermögensvermischung eine Verhaltenshaftung sei. Zudem urteilte er, dass die Durchgriffshaftung durch die Rechtsprechung des BGH zur Haftung wegen existenzvernichtender Eingriffe nach § 826 BGB nicht überholt sei. Mit dieser Entscheidung stellte der BGH die Haftung wegen existenzvernichtender Eingriffe neben die Durchgriffshaftung wegen Vermögensvermengung. Das OLG Celle hatte in der vorgehenden Instanz die persönliche

---

46 BGHZ 149, 10 ff. „Bremer Vulkan".
47 BGHZ 95, 330 ff.
48 BGHZ 150, 61 ff.
49 BGHZ 151, 181 ff.
50 BGH, Urteil vom 13.12.2004 – II ZR 256/02 = NZG 2005, 214 f. und BGH, Urteil vom 13.12.2004 – II ZR 206/02 = NZG 2005, 177 ff.
51 BGHZ 149, 10 ff. „Bremer Vulkan".
52 BGHZ 165, 85 ff.

Haftung des Gesellschafters nach § 128 HGB entsprechend angenommen, was der BGH in seiner Entscheidung bestätigte, in der er zugleich deutlich machte, dass diese Haftung neben der Haftung nach § 826 BGB stehe. Damit blieb nach der Rechtsprechung die Durchgriffshaftung entsprechend § 128 HGB weiter bestehen und wurde nicht durch die Rechtsprechung zum existenzvernichtenden Eingriff nach § 826 BGB überholt.

Mit Urteil vom 16.07.2007[53] verwarf der zweite Zivilsenat des BGH in der sogenannten „Trihotel"-Entscheidung erneut nach der Entscheidung „Bremer Vulkan" seine bisherige Rechtsprechung zum existenzvernichtenden Eingriff und stellte diese auf neue dogmatische Füße. Zunächst entschied der BGH, dass ein existenzvernichtender Eingriff als missbräuchlicher Eingriff in das zur vorrangigen Befriedigung der Gesellschaftsgläubiger dienende zweckgebundene Gesellschaftsvermögen keine Außenhaftung zu Gunsten der Gesellschaftsgläubiger, sondern nur noch eine Innenhaftung der Gesellschaft, im konkreten Fall geltend gemacht durch den Insolvenzverwalter, nach § 826 BGB wegen einer sittenwidrigen Schädigung begründe. Diese Haftung stehe neben Ansprüchen nach §§ 30, 31 GmbHG. Ausdrücklich fortführen wollte der zweite Zivilsenat in dieser Entscheidung unter Rn. 27 die direkte Durchgriffshaftung nach § 128 HGB analog in Fällen der Vermögensvermischung und bestätigte damit die Entscheidung des BGH vom 14.11.2005.[54] Im Ergebnis entwickelte der BGH mit dieser Entscheidung eine direkte Durchgriffshaftung zu einer indirekten Durchgriffshaftung fort. Die Entscheidung selbst erging zu einer GmbH.

Mit Urteil vom 10.12.2007[55] entschied der zweite Zivilsenat des BGH in seiner sogenannten „Kolpingwerk"-Entscheidung, dass zwar an den Grundsätzen der sogenannten Existenzvernichtungshaftung festgehalten werden könne, diese jedoch den Besonderhei-

---

53 BGHZ 173, 246 ff. „Trihotel".
54 BGHZ 165, 85 ff.
55 BGHZ 175, 12 ff. „Kolpingwerk".

ten des GmbH-Rechts folgten und daher nicht auf Idealvereine übertragen werden könnten. Es bestünden zwischen einer GmbH und einem Idealverein grundlegende strukturelle Unterschiede, die eine einfache Übertragung der Rechtsprechungsleitlinien der Existenzvernichtungshaftung verböten.

Mit Urteilen vom 28.04.2008[56], 09.02.2009[57], 23.04.2012[58], 24.07.2012[59] und 21.02.2013[60] bestätigte der zweite Zivilsenat des BGH seine dogmatische Leitlinie nach der „Trihotel"-Entscheidung, die in Richtung des Entzugs von finanziellen Mitteln aus der Gesellschaft und des daraus resultierenden Schadensersatzgedankens ging. Er entschied dabei weiter, dass die Unterkapitalisierung keinen Fall des existenzvernichtenden Eingriffs darstelle und damit zu keiner indirekten Durchgriffshaftung führe[61] und dass die Grundsätze des existenzvernichtenden Eingriffs auch im Liquidationsstadium gälten[62]. Dabei führt die Haftung nach § 826 BGB nach den Leitlinien dieser Rechtsprechung auch dazu, dass nicht nur die Gesellschafter, sondern auch die mittelbaren Gesellschafter sowie Mittäter, Gehilfen und Anstifter der Gesellschaft gegenüber haften.[63] Insoweit übertrug er § 830 BGB auf die Leitlinien der Rechtsprechung zum existenzvernichtenden Eingriff.

Die vorskizzierten Entscheidungen zeigen die Entwicklung des Verständnisses in der zivilgerichtlichen Rechtsprechung zum Haftungsdurchgriff. Beginn dieser Rechtsprechung war die Trennung zwischen der juristischen Person und den dahinterstehenden Gesellschaftern. Diese haarscharfe Trennung, die den Kapitalgesellschaf-

---

56 BGHZ 176, 204 ff. „Gamma".
57 BGHZ 179, 344 ff. „Sanitary".
58 BGHZ 193, 96 ff.
59 BGH, Urteil vom 24.07.2012 – II ZR 177/11 = NZG 2012, 1069 ff.
60 BGH, Urteil vom 21.02.2013 – IX ZR 52/10 = NZG 2013, 500 ff.
61 BGHZ 176, 204 ff. „Gamma".
62 BGHZ 179, 344 ff. „Sanitary"; BGHZ 193, 96 ff.
63 BGHZ 173, 246 ff. „Trihotel"; BGH, Urteil vom 24.07.2012 – II ZR 177/11 = NZG 2012, 1069 ff.; BGH, Urteil vom 21.02.2013 – IX ZR 52/10 = NZG 2013, 500 ff.

ten immanenter ist als den Personengesellschaften, wurde im Laufe der Rechtsprechungsentwicklung dogmatisch mit Leben gefüllt. So wurde zunächst der Haftungsdurchgriff als eine Art eigenes Rechtsinstitut aus dem Grundsatz von Treu und Glauben verstanden. Anschließend hat der BGH zwei unterschiedliche Richtungen eingeschlagen: Zum einen leitete er den Haftungsdurchgriff aus konzernrechtlichen Grundsätzen und einer Analogie zum Aktiengesetz her, die selbst zunächst durch eine deliktische Anknüpfung ersetzt wurden und schließlich in der eigenen deliktischen und indirekten Durchgriffshaftung seit der „Trihotel"-Entscheidung aufgegangen sind. Auf welche Gesellschaften die „Trihotel"-Rechtsprechung des BGH übertragbar ist, ist seit der Entscheidung „Kolpingwerk"[64] durch den BGH unbeantwortet geblieben. Zum anderen hat der BGH für Fälle der Vermögensvermengung eine Haftung nach § 128 HGB analog hergeleitet, der systematisch eher den Personengesellschaften als den Kapitalgesellschaften angenähert ist. Zudem zeigte der BGH, dass die Durchgriffshaftung nur dann denkbar ist, wenn der konkrete Ansatz für den Durchgriff dem in Anspruch genommenen Gesellschafter zugerechnet werden kann. Dieser Rechtsprechungsentwicklung ist dabei gemein, dass sie die einzelnen Gesellschaftsarten weitestgehend nicht differenziert betrachtet, wobei eine solche differenzierte Betrachtungsweise lediglich im Rahmen der haftungsbeschränkten Entitäten notwendig wäre.

Ob mit den Leitlinien der „Trihotel"-Entscheidung ein finales Ergebnis herbeigeführt wurde, bleibt abzuwarten. Werden die in der obergerichtlichen Rechtsprechung behandelten Fälle betrachtet, scheinen nahezu alle entschiedenen Sachverhalte auch im Lichte der Haftung nach § 826 BGB wegen existenzvernichtenden Eingriffs bzw. nach §§ 128, 129 HGB analog oder entsprechend wegen Vermögensvermengung zu einem ähnlichen Ergebnis zu führen. Einzig die oben skizierte Entscheidung des OLG Nürnberg[65] mit der wohl

---

64 BGHZ 175, 12 ff. „Kolpingwerk".
65 OLG Nürnberg, Urteil vom 26.05.1955 – 3 U 276/54 = WM 1955, 1566.

bewussten Vermengung der Sphäre des Einzelunternehmers mit jener der Kapitalgesellschaft scheint weder als Fall der Vermögensvermengung noch als Fall der Haftung wegen existenzvernichtenden Eingriffs getroffen worden zu sein. Ebenso lässt sich die Frage nach einem etwaigen Durchgriff von Einwendungen auch gegen den Gesellschafter im Lichte der neuen Rechtsprechung nicht unmittelbar beantworten, obwohl dies eine nicht unbedeutende Frage der BGH-Rechtsprechung nach 1945[66] war.

Bezogen auf die GmbH & Co. KG bedeutet dies für die dogmatische Herleitung der Durchgriffshaftung, dass diese streng nach den Vorgaben des BGH gegenüber den Gesellschaftern der Kommanditgesellschaft im Fall der Vermögensvermengung aus §§ 128, 129 HGB analog oder entsprechend folgt. In den weiteren vom BGH bedachten Fällen folgt eine solche Haftung aus § 826 BGB, wenn die Voraussetzungen des existenzvernichtenden Eingriffs vorliegen und die durch den BGH entwickelten Grundsätze auf die GmbH & Co. KG im Sinne der „Kolpingwerke"-Entscheidung[67] übertragbar sind. In diesem Fall haften nicht nur die unmittelbaren Gesellschafter, sondern auch mittelbare Gesellschafter, wobei davon automatisch die Gesellschafter der Komplementär GmbH umfasst sind.

2.1.2 Arbeitsgerichtliche Entscheidungen

Auch die Arbeitsgerichte beschäftigten sich mit der Frage der Durchgriffshaftung und insofern mit der Durchbrechung des Trennungsprinzips. So entschied mit Urteil vom 08.09.1998[68] der dritte Senat des Bundesarbeitsgerichts zur Durchgriffshaftung einer GmbH & Co. KG. Das BAG orientierte sich dabei an der zu diesem Zeitpunkt noch aktuellen Rechtsprechung, wonach der Haftungsdurchgriff auf konzernrechtlichen Gesichtspunkten beruht. Nach

---

66 BGHZ 10, 205 ff.
67 BGHZ 175, 12 ff. „Kolpingwerk".
68 BAG, Urteil vom 08.09.1998 – 3 AZR 185/97 = NZG 1999, 661 ff.

dieser Entscheidung kommen als Fallgruppen der missbräuchlichen Ausnutzung haftungsbeschränkter und damit auch, jedoch nicht namentlich genannt, der GmbH & Co. KG folgende in Betracht: die Vermögensverschiebung aus einem haftenden Unternehmen heraus[69], die umfassende und eigennützige Fremdsteuerung, die nachteilig für das Unternehmen ist[70], oder die offenkundige Unterkapitalisierung[71]. Dogmatisch knüpfte das BAG die in diesem Fall entschiedene Haftung an eine „rechtsähnliche Anwendung der §§ 303, 320 AktG"[72]. Diese Entscheidung griff, wie bereits das RG und später der BGH es getan hatten, konkrete Fallgruppen auf, definierte sie jedoch abweichend zur Darstellung des RG und des BGH, wobei dies ohne nähere Abgrenzung oder ein ersichtliches Problembewusstsein erfolgte.

Mit Urteil vom 31.07.2002[73] entschied der zehnte Senat des BAG, dass §§ 302, 303 AktG entsprechend der zu dieser Zeit bereits ergangenen Rechtsprechung des BGH nicht mehr als Anknüpfungspunkt für eine Durchgriffshaftung gelten könne. Vielmehr wurde entsprechend der Entscheidung „Bremer Vulkan"[74] die Durchgriffshaftung in das Haftungskonzept der §§ 30, 31 GmbHG unter etwaiger Anknüpfung an § 826 BGB eingegliedert. Eine explizite dogmatische Einordnung des Anspruchs ließ das BAG jedoch offen.

Mit Urteil vom 15.01.2013[75] entschied der dritte Senat des BAG, dass die Anknüpfung eines sogenannten Berechnungsdurchgriffs, der einer ähnlichen Logik wie die Durchgriffshaftung folgt, nicht mehr nach §§ 302, 303 AktG analog folge, da die Rechtsprechung

---

69 Unter Verweis auf BAGE 57, 198 ff.
70 Unter Verweis auf BAGE 76, 79 ff.; BAGE 78, 87 ff.; BAG, Urteil vom 01.08.1995 – 9 AZR 378/94 = ZIP 1996, 333 ff. zur GmbH & Co. KG.
71 Unter Verweis auf BGHZ 68, 312 ff., wobei in dieser Entscheidung die Unterkapitalisierung, wie bereits weiter oben ausgeführt, gerade nicht als Fall einer Durchgriffshaftung bewertet wurde.
72 BAG, Urteil vom 08.09.1998 – 3 AZR 185/97 = NZG 1999, 661 ff. Rn. 25.
73 BAG, Urteil vom 31.07.2002 – 10 AZR 420/01 = NZG 2003, 120 ff.
74 BGHZ 149, 10 ff. „Bremer Vulkan".
75 BAGE 144, 180 ff.

des BGH diese Anknüpfung verworfen hatte – eine Auffassung, der sich das BAG hier anschloss.

Im Ergebnis folgte das BAG der Rechtsprechungslinie des BGH, ohne in jüngster Zeit weitergehende Entscheidungen zu dieser Frage getroffen zu haben. Spannend an der Rechtsprechung des BAG ist jedoch, dass er mit Blick auf die Durchgriffshaftung nicht an dieselben Fallgruppen, wie der BGH sie aufstellte, anknüpfte. Insbesondere war, sofern die Entscheidung des BAG wörtlich gewichtet wird, die Unterkapitalisierung für ihn ein möglicher Anknüpfungspunkt für eine Durchgriffshaftung.

2.1.3 Sozialgerichtliche Entscheidungen

Letztlich haben sich auch die Sozialgerichte bereits mit der Frage des Trennungsprinzips sowie mit dessen Durchbrechung beschäftigt. Der erste Senat des BSG entschied mit Urteil vom 26.03.1963[76], dass eine Aufrechnung gegenüber dem Gesellschafter einer GmbH dann zulässig sei, wenn das Berufen auf die Trennung der Gesellschafter- und der Gesellschaftsebene im Sinne der damaligen Rechtsprechung des BGH und RG missbräuchlich sei. Die dogmatische Anknüpfung gleicht jener des BGH in den 1960er Jahren, insofern das Berufen auf Haftungsbeschränkung ausgeschlossen wurde, was im konkreten Fall zu einem Direktanspruch gegenüber dem Gesellschafter führte, mit dem eine Aufrechnung möglich war.

Mit Urteil vom 26.01.1978[77] bestätigte der zweite Senat des BSG die dogmatische Orientierung an der Rechtsprechung des BGH erneut zu einer GmbH & Co. KG ohne konkrete dogmatische Anspruchsgrundlage einer Durchgriffshaftung.

76　BSGE 19, 18 ff.
77　BSGE 45, 279 ff.

Mit Urteil vom 07.12.1983[78] entschied der siebte Senat des BSG zu einer GmbH & Co. KG, dass die Leitlinien des BGH auch für den BSG bei der Beurteilung einer etwaigen Durchgriffshaftung entscheidend seien. Dabei sah das BSG die Unterkapitalisierung in dieser Entscheidung jedoch – anders als der BGH – als möglichen Fall einer Durchgriffshaftung und folgt hierbei tendenziell der Rechtsprechung des BAG.

Mit Urteilen vom 27.09.1994[79] und 01.02.1996[80] entschieden der zehnte und der zweite Senat des BSG, dass als Fallgruppen der Durchgriffshaftung die Vermögensvermischung und die Unterkapitalisierung in Betracht kämen. Dogmatisch wurde dabei der Rechtsprechung des BGH gefolgt, was zum damaligen Zeitpunkt die Anknüpfung der Durchgriffshaftung an §§ 302, 302 AktG war.

Die Rechtsprechung des BSG setzt dogmatisch auf den Überlegungen des BGH auf, benennt dabei jedoch wie das BAG auch die Unterkapitalisierung als möglichen Anknüpfungspunkt für eine Durchgriffshaftung.

2.1.4 Leitlinien dieser Rechtsprechung

Die dogmatischen Leitlinien der Rechtsprechung von BGH, BAG und BSG können wie folgt zusammengefasst werden: Dem Grunde nach soll es grundsätzlich bei der Trennung zwischen den Gesellschaftern und der Gesellschaft bleiben. Dies gilt unabhängig von der konkreten Rechtsform. Ausnahmsweise können jedoch Eingriffe der unmittelbaren oder nur mittelbaren Gesellschafter dazu führen, dass diese wegen eines existenzvernichtenden Eingriffs, indem sie der Gesellschaft das zur Gläubigerbefriedigung dienende zweckgebundene Vermögen entziehen, einen Anspruch der Ge-

---

78 BSGE 56, 76 ff.
79 BSGE 75, 82 ff.
80 BSG, Urteil vom 01.02.1996 – 2 RU 7/95 = ZIP 1996, 1134 ff.

sellschaft ihnen gegen begründen. Daneben kann die Vermögensvermengung bzw. Vermögensvermischung dazu führen, dass die Gesellschaftsgläubiger einen Direktanspruch gegenüber den Gesellschaftern nach §§ 128, 129 HGB analog oder entsprechend haben. Als potenzielle Fallgruppen kommen nach der Rechtsprechung somit die Vermögensvermischung, der existenzvernichtende Eingriff und nach der Rechtsprechung des BAG und des BSG auch die Unterkapitalisierung als Anknüpfungspunkte für einen Durchgriffsanspruch in Betracht.

2.2 Auffassung in der Literatur

Die Kommentarliteratur beschäftigt sich ebenfalls ausgiebig mit der Frage nach einem Haftungsdurchgriff bei einer GmbH & Co. KG. Dabei werden diverse Kontexte und Ausgestaltungen untersucht. In der Diskussion zu dem Umfang und der Anknüpfung einer Durchgriffshaftung werden sowohl die Frage nach der dogmatischen Anknüpfung als auch nach etwaigen Fallgruppen, unter Rezeption der Rechtsprechung der Obergerichte, unterschiedlich bewertet.

Zunächst wird zutreffend für die Kommanditgesellschaft dahingehend differenziert, dass eine Durchgriffshaftung im Recht der Kommanditgesellschaften nicht die Durchbrechung eines selbstständigen Rechtsträgers betrifft, sondern die Durchbrechung der summenmäßigen Beschränkung der Haftung der Kommanditisten nach §§ 171 Abs. 1 HS. 1, 172 HGB im Blick hat.[81] Schließlich ist die Kommanditgesellschaft keine eigenständige juristische Person wie eine Kapitalgesellschaft. Es bedarf in diesen Konstellationen stets eines besonderen Rechtsgrundes, um über die eingetragene Haftsumme hinwegsehen zu können.[82]

---

81 BeckOGK/*Foerster*, HGB § 171 Rn. 14.
82 Staub HGB/*Thiessen*, HGB § 171 Rn. 21; BeckOGK HGB/*Foerster*, HGB § 171 Rn. 14; Hopt/*Roth*, HGB § 171 Rn. 51b; jeweils m. w. N.

Für jedwede juristische Person & Co. KG stehen den Gläubigern zwei beschränkte Haftungsmassen zur Verfügung[83], an die die Überlegungen nach einer Durchgriffshaftung anknüpfen müssen. Diese Systematik der zwei Haftungsmassen führt zudem dazu, dass die Kapitalerhaltungsvorschriften nach §§ 30, 31 GmbHG für die GmbH & Co. KG ebenfalls in die Überlegungen einbezogen werden.[84]

Neben der Durchgriffshaftung werden in der Literatur weitere Gründe für eine unbeschränkte Haftung behandelt. Hier kommen sowohl eigene Rechtsgründe wie schuldrechtliche Verpflichtungen, deliktisches Handeln oder vorvertragliche Pflichtverletzungen, wie sie mehrfach im Rahmen von Publikumsgesellschaften angenommen wurden, in Betracht.[85] Die neben der gesetzlichen Haftung denkbaren schuldrechtlichen Verpflichtungen stellen dabei keine Haftung im Sinne einer Durchgriffshaftung, wie sie vorliegend untersucht wird, dar, sodass sie nicht näher untersucht werden.

2.2.1 Fallgruppen in der Kommentarliteratur zur GmbH & Co. KG

Mit unterschiedlicher Gewichtung werden in der Literatur, angelehnt an die Rechtsprechung, folgende Fallgruppen diskutiert: die Haftung aus existenzvernichtendem Eingriff im Sinne der „Trihotel"- und „Gamma"-Entscheidungen[86] des BGH, wonach der kompensationslose Eingriff in das zur vorrangigen Befriedigung der Gesellschaftsgläubiger dienende und zweckgebundene Gesellschaftsvermögen zu einer Haftung nach § 826 BGB gegenüber dem (mittel-

---

83 BeckOK HGB/*Häublein/Beyer*, HGB § 171 Rn. 37; Oetker/*Oetker*, HGB § 171 Rn. 71.
84 Zu dem Verhältnis im Einzelnen MüKoHGB/*Karsten Schmidt/Grüneberg*, 5. Aufl. 2022, HGB § 172 Rn. 138 ff. m. w. N.; sowie im Ergebnis mit abweichenden Überlegungen MüKoHGB/*Karsten Schmidt*, 4. Aufl. 2019, HGB §§ 171, 172 Rn. 125 ff. m. w. N; BeckOK HGB/*Häublein/Beyer*, HGB § 171 Rn. 39.
85 Staub HGB/*Thiessen*, HGB § 171 Rn. 20 m. w. N.
86 BGHZ 173, 246 ff. „Trihotel"; BGHZ 176, 204 ff. „Gamma".

baren) Gesellschaftsgläubiger führen kann; die materielle Unterkapitalisierung, wonach eine zu geringe Kapitalausstattung der Gesellschaft(en) zu einer Außenhaftung der Gesellschafter gegenüber den Gesellschaftsgläubigern führen soll; die Vermischung oder Vermengung der Vermögenssphären des Gesellschaftsvermögens mit dem Gesellschaftervermögen als Vermögensvermengung oder Sphärenvermischung; letztlich die Durchgriffshaftung im (faktischen) Konzern.

2.2.1.1 Haftung aus existenzvernichtendem Eingriff

Anhand der Rechtsprechung des BGH in seinen Entscheidungen „Trihotel" und „Gamma"[87] sowie in den darauffolgenden Entscheidungen wird die Durchgriffshaftung als indirekte Durchgriffshaftung auf der Grundlage des § 826 BGB auch in der Literatur für die Kommanditgesellschaft teilweise angenommen und in dieser Ausgestaltung befürwortet.[88]

Thiessen nimmt eine Haftung nach § 826 BGB im Sinne der Grundsätze des BGH ebenfalls an, verweist jedoch aufgrund der unmittelbaren Außenhaftung von Kommanditisten nach § 171 Abs. 1 HGB zutreffend darauf, dass die Haftung wegen existenzvernichtender Eingriffe nach § 826 BGB für Kommanditisten als Außenhaftung ausgestaltet sein müsse, da, anders als bei der GmbH, kein Grund für die Annahme einer ausschließlichen Innenhaftung bestehe.[89]

Einigkeit besteht im Ergebnis darüber, dass eine Haftung nach § 826 BGB sowie gemäß den weiteren deliktischen Anspruchs-

---

87 BGHZ 173, 246 ff. „Trihotel"; BGHZ 176, 204 ff. „Gamma".
88 Röhricht/Graf von Westphalen/*Mock*, HGB, § 171 HGB Rn. 31; Hopt/*Roth*, HGB, Anhang nach § 177a Rn. 51 f.; Heidel/Schall/*Schall*, HGB, § 172 Rn. 57; Hopt/*Roth*, HGB § 171 Rn. 32; BeckOGK/*Foerster*, HGB § 171 Rn. 20; Henssler/Strohn, HGB Anh. § 237 Rn. 149; Reichert/*Liebscher*, GmbH & Co. KG, § 51 Rn. 110; *Binz/Sorg*, Die GmbH & Co. KG im Gesellschafts- und Steuerrecht, § 12 Rn. 76.
89 Staub HGB/*Thiessen*, HGB § 171 Rn. 22; wohl auch *Oetker*, HGB § 171 Rn. 26; a. A. mit entsprechender Begründung BeckOGK/*Foerster*, HGB § 171 Rn. 20.

grundlagen bestehen muss. Dies gilt uneingeschränkt für die Gesellschafter der Komplementär GmbH. Ob für die Kommanditisten, insbesondere den oder die beherrschenden Kommanditisten, eine Innen- oder eine Außenhaftung besteht, ist dogmatisch streitig.[90] Wesentliches Argument für eine Außenhaftung des Kommanditisten ist dabei die grundsätzliche Außenhaftung nach § 171 Abs. 1 HGB, die lediglich der Höhe nach, § 172 Abs. 1 HGB, beschränkt ist.[91] Diese Argumentation fügt sich in die Überlegungen der „Kolpingwerke"-Entscheidung des BGH ein, wonach strukturelle Unterschiede bei der Betrachtung der Haftung wegen existenzvernichtender Eingriffe beachtet werden müssen.[92]

Das dagegen angebrachte Argument, bei der Kommanditgesellschaft ebenso wie bei der GmbH sei das im Gläubigerinteresse geschützte zweckgebundene Gesellschaftsvermögen gleichartig und der Entzug führe zu einer Schädigung der Gesellschaft,[93] überzeugt, auf die Kommanditgesellschaft als solche übertragen, nur eingeschränkt, da es zu folgender Situation führen kann: Bei einer GmbH & Co. KG hätte ein Gesellschaftsgläubiger lediglich einen indirekten Durchgriffsanspruch gegenüber dem beherrschenden Kommanditisten, sofern die Voraussetzungen der Existenzvernichtungshaftung vorliegen. Bei einer personalistischen Kommanditgesellschaft mit einem vorgeschobenen vermögenslosen Komplementär gäbe es bereits kein dem Gesellschaftsgläubiger dienendes zweckgebundenes Gesellschaftsvermögen der juristischen Person, da die Kommanditgesellschaft selbst – anders als die GmbH – lediglich eine Personenhandelsgesellschaft ist; bei einem Vorliegen der gleichen Voraussetzungen einer Existenzvernichtungshaftung wäre in diesem Fall lediglich ein direkter Anspruch des Gesellschaftsgläubigers gegen den Kommanditisten möglich. Diese Differenzierung folgt aus

---

90 Staub HGB/*Thiessen*, HGB § 171 Rn. 22; a. A. mit entsprechender Begründung BeckOGK/*Foerster*, HGB § 171 Rn. 20; hierzu ausführlich unten 2.2.2.1.
91 Staub HGB/*Thiessen*, HGB § 171 Rn. 22.
92 BGHZ 175, 12 ff. „Kolpingwerk".
93 BeckOGK/*Foerster*, HGB § 171 Rn. 20.

dem Wesen der Kommanditgesellschaft als nur teilweise haftungsbeschränkte Entität, ohne selbst juristische Person zu sein, und ist ein struktureller Unterschied zur GmbH und zu deren Grundsätzen. Daher kann die Existenzvernichtungshaftung nur für die GmbH & Co. KG und nicht für die klassische Kommanditgesellschaft als Fallgruppe der Durchgriffshaftung gelten. Die genaue dogmatische Herleitung ist im weiteren Verlauf der Untersuchung noch zu zeigen.

Dogmatisch unverändert gilt im Verhältnis zwischen Gesellschaftsgläubiger und Komplementär-GmbH die indirekte Durchgriffshaftung. Will der Gesellschaftsgläubiger auf die Gesellschafter der GmbH zurückgreifen, so haftet primär die Komplementär-GmbH und anschließend indirekt deren Gesellschafter, sofern die Voraussetzungen einer Existenzvernichtungshaftung vorliegen.

Im Ergebnis ist daher vorzugswürdig die Haftung aufgrund eines existenzvernichtenden Eingriffs nach § 826 BGB als Durchgriffshaftung anzunehmen, wobei es sich grundsätzlich zunächst um einen direkten Anspruch des Gläubigers gegen den Kommanditisten und einen indirekten gegenüber den Komplementär-GmbH-Gesellschaftern handelt.

2.2.1.2 Materielle Unterkapitalisierung

In der Rechtsprechung des BGH, wie oben bereits gezeigt, abgelehnt, jedoch in der Rechtsprechung des BAG und des BSG wiederum als Fall einer Durchgriffshaftung anerkannt, wird die materielle Unterkapitalisierung als Fallgruppe der Durchgriffshaftung in der Literatur ausgiebig diskutiert.

Vorab muss festgehalten werden, dass diese Fallgruppe, bezogen auf eine GmbH & Co. KG, besondere Schwierigkeiten aufweist, da eine Kommanditgesellschaft nach der gesetzlichen Grundkonstellation und Vorstellung selbst kein Eigenkapital hat, sondern nur die Haftung einzelner Gesellschafter, der Kommanditisten, im Außenverhältnis begrenzt, während die weiteren Gesellschafter, die Komplementäre, unbegrenzt haften.[94] Diese Fallgruppe kann daher nur im Rahmen einer GmbH & Co. KG Beachtung finden.

Im Ergebnis wird die materielle Unterkapitalisierung als Fallgruppe für eine Durchgriffshaftung weitestgehend mit den Argumenten abgelehnt, dass eine Durchgriffshaftung wegen materieller Unterkapitalisierung bereits bei der GmbH ausscheide und eine Pflicht zur grundsätzlichen Ausstattung der Kommanditgesellschaft mit einer angemessenen Eigenkapitalquote fehle.[95]

Als direkter Anspruch aus § 826 BGB wird die materielle Unterkapitalisierung vereinzelt jedoch als tauglicher Anspruch für eine Durchgriffshaftung des Gesellschaftsgläubigers gegenüber dem Kommanditisten angesehen.[96] Die Vertreter dieser Position halten die Ausstattung einer haftungsbeschränkten Gesellschaft mit ausreichenden finanziellen Mitteln für den jeweils geplanten Geschäftsbetrieb für schützenswert und lassen daraus eine eigene Haftung folgen, sofern diese Pflicht verletzt wird. Für die Komplementär-GmbH kann dabei nur dann eine Haftung in Betracht kommen, wenn die Komplementär-GmbH haftet und ihr gegenüber ein Durchgriff gegen die Gesellschafter der Komplementär-GmbH erfolgen soll.

Sofern angenommen wird, dass die materielle Unterkapitalisierung ein Fall der Durchgriffshaftung sein kann, wird diese erneut über das Deliktsrecht und § 826 BGB begründet. Auch hier folgt die Durchgriffshaftung, wie bei der Existenzvernichtungshaftung, aus § 826 BGB.

---

94 *Fleischer/Hahn*, NZG 2018, 1281, 1286.
95 *Binz/Sorg*, Die GmbH & Co. KG im Gesellschafts- und Steuerrecht, § 12 Rn. 136; *Henssler/Strohn*, GesR, HGB Anh. § 237 Rn. 149; EBJS/*Strohn*, HGB § 171 Rn. 30; BeckOGK/*Foerster*, HGB § 171 Rn. 15.
96 Reichert/*Liebscher*, GmbH & Co. KG, § 51 Rn. 107; Koller/Kindler/*Kindler*, HGB nach § 129 Rn. 15; *Hopt*, HGB Anh. § 177a Rn. 51g ff.; Heidel/*Schall*, HGB § 172 Rn. 57 für die einfach KG; einschränkend Staub HGB/*Thiessen*, HGB § 171 Rn. 21; *Hölzle*, ZIP 2004, 1729 jedoch noch zur Rechtslage vor der „Trihotel"-Entscheidung.

2.2.1.3 Sphärenvermischung

Die Vermögensvermengung bzw. Vermögensvermischung – die Begriffe werden in der Rezeption synonym verwendet, und nach *Kindler* und *Karsten Schmidt* heißt es richtigerweise Sphärenvermischung[97] – wird in der Literatur ebenso wie in der Rechtsprechung der Obergerichte einhellig als Fallgruppe der Durchgriffshaftung verstanden. Zum Teil wird sie als einziger tatsächlicher Fall einer Durchgriffshaftung bezeichnet.[98] Dabei ist einhellig anerkannt, dass die fehlende Trennung der Vermögensmassen zum Verlust der summenmäßigen Haftungsbeschränkung führt und nach §§ 128, 129 HGB analog einen direkten Anspruch des Gesellschaftsgläubigers gegenüber dem Gesellschafter begründet.[99]

Da der Begriff der Sphärenvermischung nicht nur die Fälle der fehlenden Trennung der Vermögensmassen umfasst, sondern darüber hinaus auch Fälle der sonstigen Vermischung der Vermögenssphären, wie der unter 2.1.1 beschriebene und vom OLG Nürnberg entschiedene Fall der bewussten Irreführung mit Blick auf Gesellschaftssitz und Firmennamen,[100] soll im Folgenden von der Sphärenvermischung als Oberbegriff gesprochen werden, die insgesamt als eine einheitliche Fallgruppe zu bewerten ist.

Hinsichtlich der Haftung des Gesellschafters wegen Sphärenvermischung besteht damit Einigkeit, dass dies einen Fall der direkten Durchgriffshaftung darstellt.

---

97 Koller/Kindler/*Kindler*, HGB nach § 129 Rn. 14; *Karsten Schmidt*, Gesellschaftsrecht, § 9 IV 2, S. 234; zur begrifflichen Unterscheidung vergleiche *Lutter*, ZGR 1982, 244, 251 f.
98 *Schweizer*, ZVglRWiss 2019, 6 f.
99 BeckOGK/*Foerster*, HGB § 171 Rn. 17; BeckOK HGB/*Häublein/Beyer*, HGB § 171 Rn. 32; EBJS/*Strohn*, HGB § 171 Rn. 31; Heidel/*Schall*, HGB § 172 Rn. 57; *Hopt*, HGB Anh. § 177a Rn. 51b, 51f; Koller/Kindler/*Kindler*, HGB nach § 129 Rn. 14; Henssler/Strohn, GesR, HGB Anh. § 237 Rn. 149; Röhricht/Graf von Westphalen/*Mock*, HGB, § 171 HGB, Rn. 31; Oetker/*Oetker*, HGB § 171 Rn. 73; Staub/*Thiessen*, HGB, § 171, Rn. 23.
100 OLG Nürnberg, Urteil vom 26.05.1955 – 3 U 276/54 = WM 1955, 1566.

2.2.1.4 Haftung im Konzern

Als Sonderfall der Durchgriffshaftung kann der weiterhin für Kommanditisten diskutierte Fall der Ansprüche nach § 303 AktG analog auf Sicherheitsleistung und nach §§ 303, 322 Abs. 2 und 3 AktG analog auf Verlustausgleich betrachtet werden.[101] Dies greift jedoch nur in Fällen eines faktischen oder tatsächlichen Konzerns und ausschließlich hinsichtlich der Kommanditisten, da hinsichtlich der Komplementär-Gesellschaft ein gesondertes Bedürfnis nach zusätzlichem Gläubigerschutz nicht besteht.[102] Diese Fallgruppe wird gemeinhin jedoch nicht mehr als Fall der Durchgriffshaftung verstanden und ist seit Überholung der Rechtsprechung des BGH in seinen Entscheidungen „Autokran", „Video" und „TBB"[103] als eine solche Haftungsfigur überholt. Sie wird daher als Sonderform nicht weiter betrachtet.

2.2.2 Dogmatische Anknüpfung der Durchgriffshaftung

Die gezeigten Fallgruppen knüpfen im Ergebnis an zwei unterschiedlichen Anspruchsgrundlagen an. Diese müssen einem konkreten Anspruchsgrund, also einem Sachrecht, zugeordnet werden, um eine Übertragung der Überlegungen auf die Auslandsgesellschaft & Co. KG zu prüfen.

2.2.2.1 Haftung nach § 826 BGB

Die Fallgruppe des existenzvernichtenden Eingriffs sowie – soweit angenommen – der materiellen Unterkapitalisierung sollen (indirekte) Ansprüche der Gesellschaftsgläubiger aus § 826 BGB begründen. Dabei wird zwischen dem Direktanspruch der Gesellschaftsgläubi-

---

[101] MüKoHGB/*Mülbert*, HGB Anh. § 229 Rn. 257 ff. m. w. N.
[102] MüKoHGB/*Mülbert*, HGB Anh. § 229 Rn. 263.
[103] BGHZ 95, 330 ff. „Autokran"; BGHZ 115, 187 ff. „Video"; BGHZ 122, 123 ff. „TBB".

ger gegenüber den Gesellschaftern und dem indirekten Anspruch als primärem Anspruch der Gesellschaft gegen ihre Gesellschafter differenziert.[104] Um später die Übertragbarkeit dieses Anspruchs auf Auslandsgesellschaften behandeln zu können, muss genau untersucht werden, um welche Art von Anspruch es sich hierbei handelt und wem gegenüber er zunächst bei einer GmbH & Co. KG geltend gemacht werden kann. Dies ist entscheidend für die weiterführende Frage, ob und an welches Statut für die Ermittlung des anzuwendenden Rechts anzuknüpfen ist.

Der indirekte Anspruch der Gesellschaftsgläubiger wegen existenzvernichtenden Eingriffs gegen die Gesellschafter – als Anspruch der Gesellschaft gegen die Gesellschafter –, der entweder im Wege der Einzelzwangsvollstreckung gepfändet werden muss oder im Wege der Gesamtzwangsvollstreckung vom Insolvenzverwalter geltend gemacht werden kann, wurde vom BGH in den besprochenen Entscheidungen für die einfache GmbH entwickelt.[105] In seiner „Trihotel"-Entscheidung begründete der zweite Zivilsenat des BGH diesen Anspruch „dogmatisch allein als besondere Fallgruppe im Rahmen der allgemeinen deliktischen Anspruchsnorm des § 826 BGB […]"[106]. Dabei führte er weiter aus, dass es sich allein um eine Innenhaftung zwischen Gesellschafter und Gesellschaft handle. Er betonte weiter den Gleichlauf mit den gesellschaftsrechtlichen Gläubigerschutznormen der §§ 30, 31 GmbHG. Weiter legte er dar, dass dieser Anspruch gerade die Schutzlücke der §§ 30, 31 GmbHG ausfüllen solle, die durch „kompensationslose, zur Insolvenz führende – oder diese vertiefende – Eingriffe in das auch als Haftungsfonds für die Gläubiger dienende Gesellschaftsvermögen"[107] bestehe. Trotz der eigenständigen deliktischen Anspruchsnatur soll der An-

---

104 Siehe hierzu m. w. N. oben 2.2.1.1.
105 BGHZ 173, 246 ff. „Trihotel"; BGHZ 176, 204 ff. „Gamma"; BGHZ 179, 344 ff. „Sanitary"; BGHZ 193, 96 ff.; BGH, Urteil vom 24.07.2012 – II ZR 177/11 = NZG 2012, 1069 ff.; BGH, Urteil vom 21.02.2013 – IX ZR 52/10 = NZG 2013, 894 ff.
106 BGHZ 173, 246 ff. „Trihotel" Rn. 23.
107 BGHZ 173, 246 ff. „Trihotel" Rn. 25.

spruch wegen existenzvernichtenden Eingriffs nach Ausführungen des BGH als Innenhaftung gegenüber der Gesellschaft ausgestaltet werden, da die Ansprüche nach §§ 30, 31 GmbHG ebenfalls reine Innenansprüche begründen und anderenfalls „Widersprüchlichkeiten" und „Ungereimtheiten" entstünden bzw. in dem bis dahin geltenden Haftungskonzept bestanden.[108] Noch klarer formulierte der zweite Zivilsenat weiter, dass die Haftung nach § 826 BGB wegen existenzvernichtenden Eingriffs „die gebotene folgerichtige ‚Verlängerung' [des] Schutzsystems der §§ 30, 31 GmbHG auf der Ebene des Deliktsrechts dar[stellt]"[109]. In aller dogmatischen Einordnung dieses Anspruchs als deliktischer Anspruch ist er doch nichts anderes als die Verlängerung eines bestehenden gesellschaftsrechtlichen Anspruchs für die GmbH aus deren Kapitalschutzrecht.

Nach diesen Ausführungen des BGH stellen sich zwei Folgefragen: Sind diese Ausführungen auf die GmbH & Co. KG übertragbar? Und führt die Anwendung der Grundsätze auch bei der GmbH & Co. KG zu einer Innenhaftung zwischen der Gesellschaft, konkret der Kommanditgesellschaft, und dem Gesellschafter oder eventuell doch zu einer Außenhaftung?

Zunächst soll die Frage der Anwendbarkeit der §§ 30, 31 GmbHG auf die GmbH & Co. KG beantwortet werden. Nach gefestigter Rechtsprechung des zweiten Zivilsenats des BGH stellt die Zahlung aus dem Vermögen der Kommanditgesellschaft an einen Gesellschafter der Komplementär GmbH oder einen Kommanditisten der Kommanditgesellschaft eine verbotene Auszahlung nach § 30 Abs. 1 GmbHG dar, wenn dadurch das Vermögen der Komplementär-GmbH, unter bilanzieller Betrachtung, unter die Stammkapitalziffer sinkt oder eine bilanzielle Überschuldung vertieft.[110] Diese grundsätzliche Anwendbarkeit der Rechtsgedanken der §§ 30, 31 GmbHG auf die GmbH & Co. KG wird in der Literatur durchge-

---

108 BGHZ 173, 246 ff. „Trihotel" Rn. 32.
109 BGHZ 173, 246 ff. „Trihotel" Rn. 33.
110 BGHZ 224, 235 ff. m. w. N.

hend geteilt, auch wenn hinsichtlich des Umfangs und Einbezugs der Kommanditisten graduelle Unterschiede bestehen.[111] Hintergrund der Anwendung der Kapitalerhaltungsvorschriften der §§ 30, 31 GmbHG ist dogmatisch die Überlegung, dass das Vermögen der Komplementär-GmbH mit Einbringung in das Vermögen der Kommanditgesellschaft Gesamthandsvermögen der Kommanditgesellschaft nach §§ 718 Abs. 1 BGB, 105 Abs. 3, 161 Abs. 2 HGB wird.[112] Unabhängig von der kapitalmäßigen Beteiligung der Komplementär-GmbH an der Kommanditgesellschaft führen Vermögensschmälerungen des Vermögens der Kommanditgesellschaft dazu, dass die Komplementär-GmbH selbst in eine Unterbilanz geraten kann, wenn entweder der Wert der Kommanditgesellschaft derart sinkt, dass das Gesellschaftsvermögen der Komplementär-GmbH bei kapitalmäßiger Beteiligung an der Kommanditgesellschaft unter die Stammkapitalziffer fällt oder ohne kapitalmäßige Beteiligung der Freistellungsanspruch der Komplementär-GmbH nach §§ 110, 161 Abs. 2 HGB gegen die Kommanditgesellschaft nicht mehr (voll) aktiviert werden kann und durch die persönliche Haftung nach außen eine Unterbilanz entsteht.[113] In beiden Fällen ist das Verbot des § 30 Abs. 1 S. 1 GmbHG grundsätzlich unproblematisch dann anwendbar, wenn ein Kommanditist, der zugleich Gesellschafter der Komplementär-GmbH ist, die Zahlung erhält, unabhängig davon, ob aus dem Vermögen der Komplementär-GmbH oder aus dem Vermögen der Kommanditgesellschaft, da

---

111 MüKoHGB/*Karsten Schmidt/Grüneberg*, 5. Aufl. 2022, HGB § 172 Rn. 146; Röhricht/Graf von Westphalen/*Mock* HGB, § 172 Rn. 54 ff.; BeckOGK/*Foerster*, HGB § 172 Rn. 124 ff.; BeckOK HGB/*Häublein/Beyer*, HGB § 171 Rn. 39; EBJS/*Strohn*, HGB § 172 Rn. 64 ff.; Heidel/*Schall*, HGB § 172 Rn. 52 ff.; Henssler/Strohn, GesR, HGB Anh. § 237 Rn. 134ff.; *Hopt*, HGB Anh. § 177a Rn. 16; Koller/Kindler/*Kindler*, HGB nach § 172 Rn. 32; *Binz/Sorg*, Die GmbH & Co. KG im Gesellschafts- und Steuerrecht, § 12 Rn. 51 ff.; *Immenga*, ZGR 1975, 487, 490 ff.; *Winkler*, NJW 1969, 1009, 1010 ff.; *Karsten Schmidt*, DB 1973, 2227, 2229 f.
112 *Winkler*, NJW 1969, 1009, 1010.
113 MüKoHGB/*Karsten Schmidt/Grüneberg*, 5. Aufl. 2022, HGB § 172 Rn. 146 m. w. N.

in beiden Fällen, wie gezeigt, eine Unterbilanz der Komplementär-GmbH entstehen kann. Ist der Zahlungsempfänger ausschließlich an der Komplementär-GmbH beteiligt, gilt dasselbe. Handelt es sich bei dem Zahlungsempfänger ausschließlich um einen Nur-Kommanditisten, der nicht an der Komplementär-GmbH beteiligt ist, so sind auch die Zahlung an ihn nach herrschender Meinung vom Auszahlungsverbot des § 30 Abs. 1 S. 1 GmbHG umfasst.[114] Hintergrund für die Anwendbarkeit des Zahlungsverbots nach § 30 Abs. 1 S. 1 GmbHG auf den Nur-Kommanditisten ist nach der Rechtsprechung des BGH die Mitverantwortlichkeit der Nur-Kommanditisten für die Kapitalausstattung der Komplementär-GmbH bereits aufgrund ihrer Gesellschafterstellung in einer GmbH & Co. KG.[115] Dieser Begründung aufgrund der Mitverantwortung des Nur-Kommanditisten schließt sich die herrschende Meinung in der Literatur an.[116] Unterschiedlich behandelt, was im vorliegenden Fall jedoch nicht weiter zu vertiefen ist, wird dabei die Frage, ob die Anwendbarkeit der §§ 30, 31 GmbHG bei Nur-Kommanditisten davon abhängt, ob eine natürliche Person als Komplementär neben der Komplementär-GmbH existiert.[117] Im Ergebnis wird den Kommanditisten die Verantwortung dafür (mit-)übertragen, welchen Komplementärs sie sich bedienen. Bedienen sie sich einer haftungsbeschränkten Entität als Komplementärin, sind sie verpflichtet, den dort geltenden Kapitalschutz zu beachten.

Rechtsfolge der Zahlung trotz Zahlungsverbots nach § 30 Abs. 1 S. 1 GmbHG aus dem Gesellschaftsvermögen der Kommanditgesellschaft ist der Rückzahlungsanspruch der Kommanditgesellschaft – nicht der Komplementär GmbH – gegen den Empfänger nach

---

114 Nach Zahlungsempfänger differenzierend *Henssler/Strohn*, GesR, HGB Anh. § 237 Rn. 134 ff. m. w. N.
115 BGHZ 110, 342 ff.; BGH, Urteil vom 9.12.2014 – II ZR 360/13 = NZG 2015, 225 f.
116 *Lutter/Hommelhoff*, GmbHG § 30 Rn. 64 m. w. N.; einschränkend *Pöschke/Steenbreker*, NZG 2015, 614, 618 f.
117 Statt vieler *Henssler/Strohn*, GesR, HGB Anh. § 237 Rn. 138 m. w. N.; *Pöschke/Steenbreker*, NZG 2015, 614, 618 f. m. w. N.

§ 31 Abs. 1 GmbHG in voller Höhe.[118] Damit ist auch die oben aufgekommene zweite Frage nach dem Inhaber des Anspruchs beantwortet. Die weiteren Kommanditisten können den Anspruch im Wege einer actio pro socio geltend machen, sofern die Komplementär-GmbH den Ausgleichsanspruch selbst nicht einfordert.[119]

Soweit die Haftung der Gesellschafter einer GmbH & Co. KG nach §§ 30, 31 GmbHG grundsätzlich anerkannt wird, können die vom BGH entwickelten und oben dargestellten Grundsätze zur Haftung wegen existenzvernichtenden Eingriffs auf die GmbH & Co. KG grundsätzlich übertragen werden. Wie im Recht der GmbH wird dabei der Anspruch der Gesellschaft (GmbH) gegen die Gesellschafter auch im Recht der GmbH & Co. KG nach § 31 Abs. 1 GmbHG seitens der Kommanditgesellschaft gegen den Gesellschafter angenommen. Vor diesem Hintergrund ist es nur folgerichtig, wenn der Anspruch aus § 826 BGB wegen existenzvernichtenden Eingriffs bei einer GmbH & Co. KG als Anspruch der Kommanditgesellschaft gegen ihren Gesellschafter verstanden wird, der nur indirekt den Gesellschaftsgläubigern zusteht. Auch hier werden entsprechend mittels § 826 BGB die Kapitalerhaltungsregelungen im Recht der GmbH & Co. KG als Typenmischung zwischen Kapitalgesellschaft und Personengesellschaft auf die Fälle erweitert, die von §§ 30, 31 GmbHG nicht unmittelbar umfasst sind. Auch hier sind diese vermeintlichen Regelungslücken, wie im Recht der GmbH, zu schließen.

Im Ergebnis handelt es sich bei der Haftung wegen eines existenzvernichtenden Eingriffs nach § 826 BGB daher für die GmbH & Co. KG um einen deliktischen Anspruch, der das Schutzsystem der §§ 30, 31 GmbHG auf die Ebene des Deliktsrechts erweitert. Der Anspruch selbst steht der Kommanditgesellschaft als indirekter

---

118 MüKoHGB/*Karsten Schmidt/Grüneberg*, 5. Aufl. 2022, HGB § 172 Rn. 146 m. w. N.
119 EBJS/*Strohn*, HGB § 172 Rn. 67.

Durchgriffshaftungsanspruch gegen ihre (mittelbaren) Gesellschafter zu.

Daneben steht die Haftung wegen materieller Unterkapitalisierung, die zwar ebenfalls aus § 826 BGB folgen, aber einen Direktanspruch der Gesellschaftsgläubiger gegen die Gesellschafter begründen soll.[120] Dogmatisch lässt sich dieses Ergebnis daraus ableiten, dass § 826 BGB einen Direktanspruch des Geschädigten gegen den Schädiger vermittelt. Dieser Direktanspruch wegen materieller Unterkapitalisierung wird dabei nicht aus den Kapitalerhaltungsgrundsätzen, sondern aus den allgemeinen deliktischen Grundsätzen abgeleitet. Er kann daher keine andere Anknüpfung haben als den direkten Anspruch eines Gesellschaftsgläubigers gegenüber einem Gesellschafter, der sich durch die materielle Unterkapitalisierung der Komplementär-Gesellschaft und damit der Kommanditgesellschaft sittenwidrig verhalten und dadurch den Gesellschaftsgläubiger geschädigt hat.

2.2.2.2 Haftung nach § 128 HGB analog

Die Fallgruppe der Sphärenvermischung wird einhellig nach § 128 HGB analog gelöst.[121] Dabei wird dem Grundsatz venire contra factum proprium als Fallgruppe des § 242 BGB gefolgt, wonach der Gesellschafter sich nicht auf die Trennung der Vermögenssphären berufen kann, wenn er diese selbst nicht einhält oder nach außen hin überspielt.[122]

---

120 Reichert/*Liebscher*, GmbH & Co. KG, § 51 Rn. 107; Koller/Kindler/*Kindler*, HGB nach § 129 Rn. 15; *Hopt*, HGB Anh. § 177a Rn. 51i; Heidel/*Schall*, HGB § 172 Rn. 57.
121 BeckOGK/*Foerster*, HGB § 171 Rn. 17; BeckOK HGB/*Häublein/Beyer*, HGB § 171 Rn. 32; EBJS/*Strohn*, HGB § 171 Rn. 31; Heidel/*Schall*, HGB § 172 Rn. 57; *Hopt*, HGB Anh. § 177a Rn. 51b, 51f; Koller/Kindler/*Kindler*, HGB nach § 129 Rn. 14; Henssler/*Strohn*, GesR HGB Anh. § 237 Rn. 149; Röhricht/Graf von Westphalen/*Mock*, § 171 HGB, Rn. 31; Oetker/*Oetker*, HGB § 171 Rn. 73; Staub/*Thiessen*, HGB, § 171, Rn. 23.
122 *Lutter*, ZGR 1982, 244, 251 f.

Die Begründung der Anknüpfung an § 128 HGB analog ist dabei denkbar simpel. Auf §§ 171, 172 HGB darf sich nur derjenige Kommanditist berufen, der die nach § 171 Abs. 1 HGB vorausgesetzte rechtliche Trennung der Vermögensmassen akzeptiert. Nur in diesem Fall wird er von einer über § 172 Abs. 1 HGB hinausgehenden Haftung verschont. Hält er diese Trennung zurechenbar nicht ein, so darf er sich auf die Haftungsbeschränkung nicht berufen und haftet wie der oHG-Gesellschafter unmittelbar mit seinem gesamten Privatvermögen.[123]

Damit haften die Kommanditisten sowie die Gesellschafter der Komplementär-GmbH bei Vorliegen einer Sphärenvermischung nach § 128 HGB analog für Verbindlichkeiten der Kommanditgesellschaft unmittelbar den Gesellschaftsgläubigern.

2.2.3 Dogmatische Behandlung der Fallgruppen

Nach den vorstehenden Ausführungen lässt sich zusammenfassen, dass es im Ergebnis zwei unterschiedliche dogmatische Anknüpfungspunkte für die Durchgriffshaftung bei einer GmbH & Co. KG gibt. Diese sind übergreifend für die einzelnen Fallgruppen. Eine Durchgriffshaftung der Gesellschaftsgläubiger auf die Gesellschafter einer GmbH & Co. KG kommt danach entweder nach § 826 BGB als mittelbarer und unmittelbarer Anspruch oder nach § 128 HGB analog als direkter Anspruch in Betracht.

Der indirekte Anspruch nach § 826 BGB steht dabei zunächst der Kommanditgesellschaft gegen ihre Gesellschafter zu und ist entweder durch die Kommanditgesellschaft selbst oder im Wege der Einzelzwangsvollstreckung oder im Rahmen der Gesamtzwangsvollstreckung durch den Insolvenzverwalter geltend zu machen.

---

123 Staub/*Thiessen*, HGB, § 171, Rn. 23 m. w. N.

Der direkte Anspruch der Gesellschaftsgläubiger gegen die Gesellschafter nach § 128 HGB analog steht den Gesellschaftsgläubigern unmittelbar zu und ist nicht über die Gesellschaft geltend zu machen. Gleiches gilt für den Anspruch nach § 826 BGB wegen materieller Unterkapitalisierung.

2.3 Die Rechtslage der GmbH & Co. KG hinsichtlich der Durchgriffshaftung

Die Rechtsprechung und Literatur zeichnen im Ergebnis ein klares Bild. Eine Durchgriffshaftung im Sinne der Durchbrechung der Vermögenssphären der Kommanditgesellschaft, der Komplementär-GmbH und der Kommanditisten ist eine strenge Ausnahme. Sie wird nur in engen Ausnahmen angenommen und führt bei Entzug von Vermögenswerten aus dem Vermögen der Kommanditgesellschaft zu einer Haftung des Gesellschafters gegenüber der Kommanditgesellschaft und bei Missachtung der Trennung der Vermögenssphären zu einem Direktanspruch der Gesellschaftsgläubiger gegen die Gesellschafter.

Dogmatisch ergeben sich diese Annahmen sowohl nach den Leitlinien der Rechtsprechung als auch der Literatur aus § 826 BGB wegen eines existenzvernichtenden Eingriffs oder bei etwaigen weiteren Fallgruppen (materielle Unterkapitalisierung) oder aus § 128 HGB analog wegen einer Vermögensvermengung, so die Rechtsprechung, bzw. einer Sphärenvermischung.

2.4 Besonderheiten der Übertragung auf die Auslandsgesellschaft & Co. KG

Für die weitere Untersuchung stellt sich die Frage, wie diese Grundsätze der GmbH & Co. KG auf die Auslandsgesellschaft & Co. KG übertragen werden können. Dazu werden die beiden Anspruchsgrundlagen erneut einzeln betrachtet.

2.4.1 Haftung nach § 826 BGB

Zunächst ist festzuhalten, dass eine Auslandsgesellschaft & Co. KG unabhängig von der Art der Komplementärin eine deutsche Kommanditgesellschaft bleibt und somit die Regelungen der §§ 161 ff., 105 ff. HGB für die Kommanditgesellschaft gelten, während auf die Auslandsgesellschaft selbst das Recht des ausländischen Gründungsstaates anzuwenden ist.[124]

2.4.1.1 Haftung wegen existenzvernichtenden Eingriffs

Damit ist § 826 BGB zunächst auf die Gesellschafter der Kommanditgesellschaft anwendbar.[125] Fraglich ist jedoch, ob die unter 2.2.2.1 skizzierten Grundsätze des Eingriffs wegen existenzvernichtenden Eingriffs insbesondere aufgrund ihrer dogmatischen Herleitung aus §§ 30, 31 GmbHG auch auf Auslandsgesellschaften übertragbar sind. Diese Frage stellt sich unabhängig von der Frage nach dem richtigen Sachrecht – insbesondere da der BGH selbst in seiner „Kolpingwerk"-Entscheidung ausgeführt hat, dass die Haftung wegen eines existenzvernichtenden Eingriffs nicht unmittelbar auf alle Rechtsformen übertragbar ist.[126]

Grundsätzlich ist umstritten, ob die deutschen Kapitalerhaltungsregelungen auf eine Auslandsgesellschaft als Komplementärin einer Kommanditgesellschaft anzuwenden sind.[127] So vertritt *Karsten Schmidt*[128] die Auffassung, dass die §§ 30, 31 GmbHG analog in

---

124 Zur Limited & Co. KG Bergemann in: Heidel/*Schall*, HGB nach § 177a Rn. 5 m. w. N.
125 Siehe hierzu ausführlich weiter unten unter 3.
126 BGHZ 175, 12 ff. „Kolpingwerk".
127 Zum Streitstand ausgiebig *Teichmann*, ZGR 2014, 220, 247 ff. m. w. N.
128 MüKoHGB/*Karsten Schmidt*, 4. Aufl. 2019, HGB §§ 171, 172 Rn. 131.

den Fällen, in denen keine natürliche Person Komplementär ist, auch auf Kommanditgesellschaften anzuwenden seien, bei denen haftungsbeschränkte ausländische Gesellschaften oder Stiftungen die Rolle als Komplementär übernehmen. Insoweit schließt er sich seiner bereits 1989 aufgestellten Linie an, wonach die GmbH & Co. KG auch mit Blick auf die Auslandsgesellschaft & Co. KG sowie die Stiftung & Co. KG ein eigenes Kapitalschutzrecht benötigt.[129] Dabei führt er weiter aus, dass die Anwendung des GmbH-Rechts auf Kommanditgesellschaften ohne natürliche Person als haftender Komplementär nicht aus der historischen Entwicklung des Auftretens der GmbH & Co. KG als klassisches Beispiel folge, sondern aus dem Umstand, dass das GmbH-Recht als Maßstab der Kapitalsicherungsrechte anzusehen sei. Aus diesem Grund soll das Kapitalsicherungsrecht des GmbHG auf Kommanditgesellschaften analog anzuwenden sein.[130] Diese Auffassung wird in Bezug auf die Auslandsgesellschaft in der Literatur teilweise unter Bezugnahme auf die europarechtlich zulässige Beschränkung der Auslandsgesellschaften explizit bestätigt.[131]

Die wohl herrschende Meinung lehnt die Anwendbarkeit der §§ 30, 31 GmbHG (analog) auf Auslandsgesellschaften dagegen ab.[132] Sie führt insbesondere an, dass aus Gläubigersicht – und nur auf diese komme es bei Gläubigerschutznormen an – ein Vertrauen auf eine über die eingetragene Haftsumme hinausgehende Haftung angesichts der in der Firmierung kenntlich gemachten Haftungsbeschränkung der Komplementär-Gesellschaft nicht schützenswert

---

[129] *Karsten Schmidt*, GmbHR 1989, 141 ff.
[130] *Karsten Schmidt*, GmbHR 1989, 141, 142.
[131] *Duys*, Die Auslands-Kapitalgesellschaft & Co. KG, 2001, 53 ff., 125; *Klöhn/Schaper*, ZIP 2013, 49, 52 ff.
[132] MüKoHGB/*Karsten Schmidt/Grüneberg*, 5. Aufl. 2022, HGB § 172 Rn. 147; Heidel/*Schall*, HGB nach § 177a Rn. 104; *Henssler/Strohn*, GesR, Internationales Gesellschaftsrecht B. Die englische Limited, Rn. 224; Westermann/Wertenbruch/*Blaum*, Handbuch Personengesellschaften, 81. Lieferung 09.2021, AG & Co. KG, SE & Co. KG, Stiftung & Co. KG, Limited & Co. KG, 3487 ff.; *Schlichte*, DB 2006, 1357 ff.; *Teichmann*, ZGR 2014, 220, 247 ff.

sei und daher keine eigenständigen Kapitalschutzregeln für die Kommanditgesellschaft begründen könne.[133] Anders ausgedrückt besagt diese Begründung, dass die Kapitalerhaltungsregelungen entweder über die Komplementär-Gesellschaft auf die Kommanditgesellschaft ausstrahlt oder nicht. Eine weitergehende Ausdehnung des Gläubigerschutzes, wie *Karsten Schmidt* sie annimmt, sei daher nicht erforderlich.

Im Ergebnis differenzierend stellt *Foerster* dar, dass auf eine Kapitalgesellschaft & Co. KG das Recht der Komplementär-Kapitalgesellschaft hinsichtlich der Kapitalerhaltung anwendbar sei. Nur wenn die Komplementär-Kapitalgesellschaft ein solches kenne, sei es in genau diesem Umfang auf die Kommanditgesellschaft anzuwenden. Da die Kommanditisten dieses selbst beachten müssten, stünden in der Folge auch der Kommanditgesellschaft die Ansprüche aus der Verletzung der Kapitalerhaltungsvorschriften – gleich welchen Rechts – zu.[134] Dabei lässt *Foerster* jedoch die rechtsökonomische Frage unbeantwortet, die bereits *Klöhn* und *Schaper* gestellt haben, ob dies dem rechtsökonomischen Gedanken entspreche, der mit der grenzüberschreitenden Typenmischung einhergehe.[135]

Es zeigt sich, dass die Grundsätze der Haftung nach § 826 BGB wegen eines existenzvernichtenden Eingriffs unmittelbar dann auf die Auslandsgesellschaft & Co. KG übertragen werden können, wenn, *Karsten Schmidt* folgend, die Regelungen der §§ 30, 31 GmbHG analog als auf die Kommanditgesellschaft angepasstes Kapitelerhaltungsrecht verstanden werden oder wenn wie bei *Foerster* das Kapitalerhaltungsrecht der Komplementärgesellschaft als Anknüpfungspunkt gesehen und damit der Gedanke des BGH zu §§ 30, 31 GmbHG erweitert wird. In der Literatur wird dabei die Haftung der Auslandsgesellschaft & Co. KG – zum Teil ohne weiteres

---

133 Staub/*Thiessen*, HGB, § 172, Rn. 189.
134 BeckOGK/*Foerster*, HGB § 172 Rn. 127 ff.
135 *Klöhn/Schaper*, ZIP 2013, 49, 56.

Eingehen auf die Übertragungsproblematik – weitestgehend anerkannt.[136]

Im Ergebnis ist die Anwendung der Grundsätze der Haftung wegen eines existenzvernichtenden Eingriffs überzeugend. Bedienen sich die Kommanditisten einer haftungsbeschränkten Komplementärin, so sind sie, wie *Foerster*[137] zutreffend herleitet, dafür verantwortlich, die Kapitalerhaltungsvorschriften dieser Komplementär-Gesellschaft einzuhalten. Ob es dabei aus Gläubigersicht sachgerechter ist, die Kapitalerhaltungsvorschriften der ausländischen Komplementär-Gesellschaft direkt heranzuziehen, mag zwar bezweifelt werden, da den Gläubigern in diesem Fall ein unter Umständen fremdes Rechtsverständnis aufgedrängt wird, doch erreicht die Anwendung der §§ 30, 31 GmbHG (analog) ein ähnliches Schutzniveau, das selbst für EU-Auslandsgesellschaften nicht gegen EU-Recht, konkret gegen die Niederlassungsfreiheit, verstößt.[138] Daneben verstößt die Anwendung der §§ 30, 31 GmbHG analog auch nicht gegen das Diskriminierungsverbot, soweit die analoge Anwendung aus dem Recht der Kommanditgesellschaft verstanden wird, wie es bereits *Karsten Schmidt*[139] dargestellt hat. In diesem Fall werden nicht die ausländischen Kapitalerhaltungsregelungen übergangen, sondern es kommt zu einer Sonderanknüpfung aus der Haftungsbeschränkung der Kommanditgesellschaft als solcher und damit zu einer Ergänzung der §§ 171 ff. HGB durch die §§ 30, 31 GmbHG analog.[140] Gegenstand und Anknüpfungspunkt des Schutzes ist da-

---

136 Heidel/*Schall*, HGB nach § 177a Rn. 109; *Hopt*, HGB Anh. § 177a Rn. 51e; Staub/*Thiessen*, HGB, § 172, Rn. 188; *Binz/Sorg*, Die GmbH & Co. KG im Gesellschafts- und Steuerrecht, § 24 Rn. 22; a. A. zur überholten BGH-Rechtsprechung *Schlichte*, DB 2006, 2672 ff., der im Ergebnis die Übertragung der §§ 30, 31 GmbHG grundsätzlich ablehnt, aber für die Anwendbarkeit der § 826 BGB auf die Ltd. & Co. KG plädiert.
137 BeckOGK/*Foerster*, HGB § 172 Rn. 127 ff.
138 Heidel/*Schall*, HGB nach § 177a Rn. 107; *Schall*, ZIP 2016, 289, 292; *Klöhn/Schaper*, ZIP 2013, 49, 55.
139 *Karsten Schmidt*, GmbHR 1989, 141, 142.
140 Heidel/*Schall*, HGB nach § 177a Rn. 109.

bei nicht das jeweilige gebundene Kapital, sondern die auszehrende Auszahlung.[141]

Mit der grundsätzlichen Anwendbarkeit der Kapitalschutzregelungen – nach der hier dargelegten Auffassung nach §§ 30, 31 GmbHG analog – sind die Grundsätze des BGH zum existenzvernichtenden Eingriff unmittelbar auf die Auslandsgesellschaft & Co. KG übertragbar und schaffen damit eine taugliche Anspruchsgrundlage für eine indirekte Durchgriffshaftung. Den Grundsätzen der GmbH & Co. KG folgend ist auch dieser Anspruch ein Anspruch der Kommanditgesellschaft gegen die Gesellschafter und kein direkter Anspruch der Gesellschaftsgläubiger.[142]

2.4.1.2 Haftung wegen materieller Unterkapitalisierung

Die Haftung wegen materieller Unterkapitalisierung lässt sich ohne weiteres aus § 826 BGB als Anspruch des geschädigten Gesellschaftsgläubigers gegenüber dem schädigenden Gesellschafter auf die Auslandsgesellschaft & Co. KG übertragen.

2.4.2 Haftung nach § 128 HGB analog

Die Grundsätze zur Sphärenvermischung gelten nicht nur im Kontext der GmbH & Co. KG, sondern, als übergeordnetes Institut, für alle Kommanditisten einer Kommanditgesellschaft.[143] Vor diesem Hintergrund begegnet die grundsätzliche Übertragung dieser Fallgruppe als direkter Durchgriffsanspruch auf eine Auslandsgesellschaft & Co. KG keinen Bedenken.

---

141 Ebenda.
142 Ausführlich hierzu BeckOGK/*Foerster*, HGB § 172 Rn. 129.
143 Staub/*Thiessen*, HGB, § 171, Rn. 23.

2.5 Anknüpfung einer Durchgriffshaftung bei der Auslandsgesellschaft & Co. KG

Damit besteht zu Gunsten der Gesellschaftsgläubiger dogmatisch für die Auslandsgesellschaft & Co. KG ein direkter Durchgriffshaftungsanspruch nach § 128 HGB analog wegen einer Sphärenvermischung, ein direkter Durchgriffsanspruch nach § 826 BGB wegen materieller Unterkapitalisierung und ein indirekter Durchgriffshaftungsanspruch nach § 826 BGB wegen eines existenzvernichtenden Eingriffs.

3 Anwendbares Recht im Sinne des IPR

Mit der grundsätzlichen Darlegung der möglichen Übertragung des Durchgriffshaftungsanspruchs auf eine Auslandsgesellschaft & Co. KG ist die Frage nach diesen Ansprüchen jedoch noch nicht vollständig beantwortet. Es stellt sich weitergehend die Frage, welche Einordnung die Auslandgesellschaft & Co. KG im internationalen Privatrecht erfährt. Dabei ist praktisch von besonderer Bedeutung, welches Recht anzuwenden ist, wenn ein Gesellschaftsgläubiger Durchgriffshaftungsansprüche geltend macht.

Relevant ist dies deshalb, weil mit der grenzüberschreitenden Typenmischung auch eine Statutenvermischung einhergeht. Auf die Komplementärgesellschaft ist je nachdem, ob die Sitz- oder die Gründungstheorie herangezogen wird, was zur Anwendung des jeweiligen Heimatstatuts führen kann, unter Umständen ausländisches Recht anzuwenden, für die Kommanditgesellschaft hingegen deutsches Recht.[144] Auf die Herkunft der Gesellschafter der Kommanditgesellschaft kommt es in diesem Zusammenhang nicht an.[145]

Für die nachfolgende Untersuchung wird vorausgesetzt, dass die Komplementär-Auslandsgesellschaft als solche anerkannt wird und damit sowohl deren Rechtspersönlichkeit als auch deren Haftungsbeschränkung in Deutschland wirkt. Zudem wird vorausgesetzt, dass der Sitz der Kommanditgesellschaft in Deutschland liegt und

---

144 Heidel/*Schall*, HGB nach § 177a Rn. 102; *Klöhn/Schaper*, ZIP 2013, 49; *Christoph Teichmann*, ZGR 2014, 222 f.
145 Heidel/*Schall*, HGB nach § 177a Rn. 107.

sich daher keine Frage nach dem auf die Kommanditgesellschaft anwendbaren Sachrecht stellt.[146]

Mit der Anwendung des jeweilige Gesellschaftsstatuts auf die Komplementär-Auslandsgesellschaft ist auf diese auch das jeweilige Recht des Herkunftsstaates anwendbar.[147] Damit sind dem Grunde nach Ansprüche der Komplementär-Auslandsgesellschaft gegen ihre Gesellschafter nach dem Recht der Auslandsgesellschaft maßgeblich.

Mit dieser Wertung geht grundsätzlich auch einher, dass die Gläubigerschutzinstrumente der GmbH & Co. KG auch auf die Auslandsgesellschaft & Co. KG anwendbar sind.[148] Damit sind dem Grunde nach Ansprüche der Kommanditgesellschaft gegen die Kommanditisten sowie gegen die Komplementär-Auslandsgesellschaft und umgekehrt nach deutschem Recht zu beurteilen.

Als Vorfrage ist zu beantworten, ob für alle skizzierten Fälle der Durchgriffshaftung sodann dieselben Regeln gelten oder ob diese unterschiedlich zu bewerten sind. Die Literatur beschäftigt sich mit dieser Frage insbesondere auf der Ebene ausländischer Kapitalgesellschaften in Deutschland und der Frage, ob das Gründungsrecht dieser Gesellschaften oder deutsches Recht anzuwenden ist. Dabei wird übereinstimmend nach den einzelnen möglichen Fallgruppen und dem direkten bzw. indirekten Durchgriff differenziert.[149] Eine einheitliche Anknüpfung der Durchgriffshaftung wurde in

---

146 Zu den Problemen ausführlich MüKoBGB/*Kindler*, Internationales Wirtschaftsrecht Teil 10: Internationales Handels- und Gesellschaftsrecht [Kaufleute, Juristische Personen und Gesellschaften], Rn. 557 f. m. w. N.
147 Heidel/*Schall*, HGB nach § 177a Rn. 104; *Klöhn/Schaper*, ZIP 2013, 49, 50 ff.
148 Heidel/*Schall*, HGB nach § 177a Rn. 107; a. A. *Klöhn/Schaper*, ZIP 2013, 49, 50 ff.
149 Vgl. zu den Diskussionen MüKoBGB/*Kindler*, Internationales Wirtschaftsrecht Teil 10: Internationales Handels- und Gesellschaftsrecht [Kaufleute, Juristische Personen und Gesellschaften], Rn. 621; *Lutter/Fleischer*, Europäische Auslandsgesellschaften in Deutschland, S. 49, 117 ff.; Hirte/Bücker/*Forsthoff/Schulz*, Grenzüberschreitende Gesellschaften, § 16 Rn. 64 ff.; *Eidenmüller*, Ausländische Kapitalgesellschaften im deutschen Recht, § 4 Rn. 17 ff. jeweils m. w. N.

der Vergangenheit noch diskutiert,[150] ist jedoch aufgrund der nicht trennscharfen Abgrenzung der einzelnen Fallgruppen sowie der unterschiedlichen dogmatischen Begründungen und Anknüpfungen nicht mehr praktikabel und wird soweit ersichtlich auch nicht mehr ernsthaft verfolgt. Somit ist auch für die Bestimmung des geltenden Rechts auf die einzelnen bereits dargestellten Fallgruppen einzugehen.

3.1 Anwendbares Recht für die Haftung wegen eines existenzvernichtenden Eingriffs

Den Grundsätzen des existenzvernichtenden Eingriffs folgend, ergeben sich für Ansprüche der Gesellschaftsgläubiger nach § 826 BGB gegenüber den Gesellschaftern einer Auslandsgesellschaft & Co. KG zwei Stoßrichtungen, die zu unterscheiden sind: den indirekten Durchgriffshaftungsanspruch der Kommanditgesellschaft gegen ihre Gesellschafter und das Recht der Gesellschaftsgläubiger gegen die Kommanditgesellschaft.

3.1.1 Anwendbares Recht der Kommanditgesellschaft gegenüber ihren Gesellschaftern

Ansprüche der Kommanditgesellschaft gegenüber den Gesellschaftern der Komplementär-Auslandsgesellschaft können sich nach dem Gesellschaftsstatut, dem Insolvenzstatut oder dem Deliktsstatut richten.

Bei konsequenter Anwendung der Leitlinien des BGH zur Haftung wegen existenzvernichtender Eingriffe sowie nach der entsprechenden Rezeption in der Literatur scheidet die Anwendung des Gesellschaftsstatuts aus. Zwar ist nach Art. 1 Abs. 2 lit. d Rom II-VO die

---

150 *Teipel*, Die Bedeutung der lex fori für die Anknüpfung des Haftungsdurchgriffs, S. 60 f. m. w. N.

Anwendbarkeit anderer Regelungen als des Gesellschaftsstatuts bei außervertraglichen Ansprüchen, wie Ansprüchen nach § 826 BGB, ausgeschlossen, dies gilt jedoch nur dann, wenn die Gesellschafter persönlich für die Verbindlichkeiten der Gesellschaft einstehen müssen. Die Haftung wegen existenzvernichtenden Eingriffs hat jedoch eine andere Ausrichtung und die persönliche Haftung des Gesellschafters ist Reflex und nicht Ziel dieser Haftung.[151] Damit fällt die Haftung wegen existenzvernichtenden Eingriffs nicht unter die Ausnahmeregelung der Art. 1 Abs. 2 lit. d Rom II-VO, und das Gesellschaftsstatut ist für diese Fallgruppe nicht aufgrund der Rom II-VO vorgeschrieben. Da das Gesellschaftsstatut selbst in Deutschland gesetzlich ungeregelt ist, gelten die anderen Statuten vorrangig.

Damit ist für die Haftung der Gesellschafter gegenüber der Kommanditgesellschaft wegen eines existenzvernichtenden Eingriffs zwischen dem Deliktsstatut, das die Anwendung der Rom II-VO zur Folge hat, und dem Insolvenzstatut, das die Anwendung der EuInsVO nach sich zieht, zu entscheiden. Diese Frage ist in der Literatur umstritten und gerichtlich noch nicht entschieden.

So wird für die Anwendung des Insolvenzstatuts argumentiert, dass die Existenzvernichtungshaftung eine Nähe zur Insolvenzanfechtung zur Rückgängigmachung einer missbilligten Rechtshandlung aufweist und ihre Zielrichtung ebenfalls auf den Schutz der Insolvenzmasse ausgerichtet ist. Dabei ist die Masseverkürzung als Schaden geschützt, womit der Anspruch der Gläubigergesamtheit und nicht Einzelgläubigern dient. Letztlich ist der Anspruch in der Regel vom Insolvenzverwalter geltend zu machen, was erst recht für die Anwendbarkeit des Insolvenzstatuts spricht. Mit dieser Qualifizierung ist der lex specialis zu folgen und die Regelungen der EuInsVO sind anwendbar. Danach ist gewöhnlich der Sitz der Gesellschaft

---

151 MüKoBGB/*Kindler*, Internationales Wirtschaftsrecht Teil 10: Internationales Handels- und Gesellschaftsrecht [Kaufleute, Juristische Personen und Gesellschaften], Rn. 620 m. w. N.

nach Art. 3 Abs. 1 UAbs. 2 S. 1 EuInsVO der Ort, nach dem sich das geltende Recht richtet.[152]

Dagegen wird eingewandt, dass der Anspruch bereits selbst mit seiner Anspruchsgrundlage § 826 BGB als deliktisch verortet wird. Zudem bereite es Probleme, wenn der Anspruch selbst zu einer Außenhaftung erweitert würde.[153]

Im Ergebnis überzeugt allein die deliktische Anknüpfung, da nur sie beachtet, dass der Anspruch nicht nur im Wege der Gesamtvollstreckung, also in einem Insolvenzverfahren, sondern auch im Wege der Einzelzwangsvollstreckung oder durch die Gesellschaft aus anderen Gründen, beispielhaft infolge der Einsetzung einer neuen Geschäftsführung oder eines neuen Komplementärs, die den Anspruch verfolgen, geltend gemacht werden kann. Bei einer insolvenzrechtlichen Einordnung käme es zu Wertungswidersprüchen und unterschiedlichen Behandlungen, je nach der Frage, ob die Eröffnung eines Insolvenzverfahrens erfolgt.[154]

Daher ist es überzeugend an das Deliktstatut anzuknüpfen, nach dem gemäß Art. 4 Abs. 1 Rom II-VO das Recht anzuwenden ist, an dessen Ort der Schaden eingetreten ist. Da im Falle der Haftung wegen existenzvernichtenden Eingriffs der Kommanditgesellschaft der Schaden entsteht, ist dies stets der Sitz der Auslandsgesellschaft & Co. KG bzw. der Ort, an dem die Gesellschaft ihren Geschäftsbetrieb unterhält.

Damit gilt für die Existenzvernichtungshaftung in einer Auslandsgesellschaft & Co. KG in der Regel deutsches Recht, da der Sitz der Kommanditgesellschaft in der Regel in Deutschland liegen wird.[155]

---

152 Für den gesamten Absatz MüKoBGB/*Kindler*, Internationales Wirtschaftsrecht Teil 10: Internationales Handels- und Gesellschaftsrecht [Kaufleute, Juristische Personen und Gesellschaften], Rn. 625.
153 Für den Absatz MüKoBGB/*Junker*, 8. Aufl. 2021, Rom II-VO Art. 1 Rn. 39.
154 Wird eine Insolvenzverfahren mangels Masse abgelehnt, so sollen weiterhin vorrangig die Gesellschaftsgläubiger in der Lage sein, den Anspruch geltend zu machen.
155 Anderenfalls handelt es sich u. U. gar nicht um eine Kommanditgesellschaft.

3.1.2 Anwendbares Recht der Gesellschaftsgläubiger gegenüber der Gesellschaft

Der Anspruch aus der Existenzvernichtungshaftung kann allein die Auslandsgesellschaft & Co. KG geltend machen. Damit können die Gesellschaftsgläubiger nur indirekt auf die Gesellschafter zugreifen und müssen zunächst an die Auslandsgesellschaft & Co. KG herantreten. Sie können sodann einen Insolvenzantrag stellen oder die Ansprüche pfänden und sich überweisen lassen.

Werden die Ansprüche im Rahmen eines Insolvenzverfahrens durch den Insolvenzverwalter verfolgt, gilt das Insolvenzstatut für das Insolvenzverfahren nach der EuInsVO, sofern das Insolvenzverfahren einen Auslandsbezug aufweist. Die Gläubiger werden im Rahmen des Gesamtvollstreckungsverfahrens (anteilig) befriedigt.

Sollen die Ansprüche im Wege der Einzelzwangsvollstreckung durch einzelne Gesellschaftsgläubiger geltend gemacht werden, gilt die Brüssel Ia-VO. Nach Art. 41 Abs. 1 Brüssel Ia-VO gilt hierfür grundsätzlich das Recht des Mitgliedstaates, in dem die Vollstreckung zu erfolgen hat. Da die Vollstreckung des Anspruchs, konkret die Pfändung und Überweisung des Existenzvernichtungshaftungsanspruchs, in Deutschland gegenüber der deutschen Kommanditgesellschaft erfolgt, gilt auch hierfür deutsches Recht.

3.1.3 Deutsches Recht für die Existenzvernichtungshaftung

Wie gezeigt wurde, sind sämtliche Ansprüche, die im Kontext eines existenzvernichtenden Eingriffs stehen, nach deutschem Recht geltend zu machen und durchzusetzen, soweit der tatsächliche Sitz der Auslandsgesellschaft & Co. KG, wie vorliegend angenommen, in Deutschland liegt.

3.2 Anwendbares Recht auf die Haftung wegen materieller Unterkapitalisierung

Ansprüche der Gesellschaftsgläubiger gegen eine Kommanditgesellschaft wegen materieller Unterkapitalisierung werden dogmatisch für die GmbH & Co. KG als – sofern angenommen – deliktische Ansprüche nach § 826 BGB bewertet. Fraglich ist hierbei, welchem Rechtstatut dieser Anspruch gegenüber einer Auslandsgesellschaft & Co. KG folgt und welches Recht entsprechend hierfür anzuwenden ist.

Es kommen hierfür konkret zwei Qualifikationen dieses Anspruchs in Betracht: zum einen eine deliktische Qualifikation mit der Folge der Geltung des Deliktstatuts und zum anderen eine rein gesellschaftsrechtliche Qualifikation mit der Folge der Geltung des Gesellschaftsstatuts. Hintergrund des Anspruchs ist, dass die Gesellschafter die tatsächlich notwendigen finanziellen Mittel zum Betrieb eines risikoreichen Geschäftsbetriebs nicht zur Verfügung stellen.

Da das deutsche Recht bereits kein Mindestkapital für Kapitalgesellschaften kennt – man denke an die UG –, stellt sich die Frage, wie ohne eine rechtlich vorgeschriebene grundsätzliche Mindestkapitalausstattung die materielle Unterkapitalisierung selbst ein gesellschaftsrechtlicher Anspruch sein soll. Es ist überzeugender, diesen Anspruch allein als deliktischen Anspruch zu qualifizieren.[156] In diesem Sinne wurde bereits oben unter 2.2.2.1 der Anspruch dogmatisch hergeleitet.

Die Einordnung des Anspruchs als deliktischer Anspruch widerspricht auch nicht Art. 1 Abs. 2 lit. d Rom II-VO. Vom Anwendungsbereich der Norm ist lediglich „die persönliche Haftung der Gesellschafter und der Organe für die Verbindlichkeiten einer Ge-

---

[156] OLG Köln, Beschluss vom 14.05.2004 – 16 W 11/04 = NZG 2004, 1009 ff.; Ulmer, Gläubigerschutz bei Scheinauslandsgesellschaften, NJW 2004, 1201, 1208; Rosse, EWiR 2005, 389 f.; a. A. MüKoBGB/*Junker*, 8. Aufl. 2021, Rom II-VO Art. 1 Rn. 36, jedoch ohne eigene Begründung.

sellschaft, eines Vereins oder einer juristischen Person" ausgenommen. Der Durchgriffshaftungsanspruch ist, wie bereits ausführlich hergeleitet und dargestellt, ein Schadensersatzanspruch, der einen Schaden voraussetzt und nicht die direkte Übernahme der Gesellschaftsverbindlichkeit zwingend nach sich zieht. Er ist mit anderen Worten kein Innenrecht der Gesellschaft, sondern folgt in strenger Anwendung der Vertreter dieses Anspruchs aus einer Pflicht der Gesellschafter gegenüber dem Rechtsverkehr selbst.

Mit Anwendung des Deliktstatuts richtet sich das anzuwendende Recht nach Art. 4 Abs. 1 Rom II-VO, sofern keine Sonderregelungen im Einzelfall gelten, und es ist zunächst auf das Recht abzustellen, in dem der Schaden eintritt. Dies könnte in der Regel die Anwendbarkeit des Heimatrechts des Gesellschaftsgläubigers nach sich ziehen, da diesem bei einem Direktanspruch der Schaden entstanden ist. Beachtet man jedoch die Rechtsprechung des EuGH zu Art. 5 Nr. 3 Brüssel I-VO, wonach der Ort maßgeblich ist, „an dem das schädigende Ereignis eingetreten ist oder einzutreten droht", so ergibt sich nach der Auslegung dieser Formulierung durch den EuGH, „dass dieser Ort bei Klagen, mit denen ein Mitglied des Verwaltungsrats und ein Anteilseigner einer Aktiengesellschaft für deren Verbindlichkeiten haftbar gemacht werden sollen, an dem Ort belegen ist, an dem der Geschäftsbetrieb der Gesellschaft und die damit verbundene finanzielle Lage anknüpfen"[157]. Überträgt man diese Wertung auf den Wortlaut des Art. 4 Abs. 1 Rom II-VO, so ist das Recht des Geschäftsbetriebs maßgeblich, was bei einer deutschen Kommanditgesellschaft in der Regel Deutschland sein wird.

Im Ergebnis richtet sich der Durchgriffshaftungsanspruch – sofern er angenommen wird – des Gesellschaftsgläubigers gegen die Gesellschafter der Auslandsgesellschaft & Co. KG im Fall der materiellen Unterkapitalisierung nach dem Deliktstatut. Dieses ist nach Art. 4 Abs. 1 Rom II-VO bei der vom EuGH angelegten Auslegung

---

157 EuGH (Fünfte Kammer), Urteil vom 18.07.2013 – C-147/12 Rn. 55 = NZG 2013, 1073.

des Wortlauts dahingehend zu verstehen, dass in der Regel deutsches Recht anzuwenden ist, was zu demselben Ergebnis führt wie die Anwendung des Gesellschaftsstatuts.

3.3 Anwendbares Recht auf die Haftung wegen Sphärenvermischung

Ansprüche der Gesellschaftsgläubiger gegen die Gesellschafter der Kommanditgesellschaft wegen Sphärenvermischung richten sich nach § 128 HGB analog und nach deutschem Recht, da es sich um eine deutsche Kommanditgesellschaft handelt.

Für Kommanditisten folgt dieser Umstand unmittelbar aus dem Personalstatut der Kommanditgesellschaft nach Art. 1 Abs. 2 lit. f Rom I-VO bzw. Art. 1 Abs. 2 lit. d Rom II-VO.[158] Die Kommanditisten haften bereits nach dem Personalstatut nach §§ 171 Abs. 1 1. HS, 172 HGB den Gesellschaftsgläubigern beschränkt auf ihre eingetragene Haftsumme, und diese begrenzte Haftung wird im Fall der Sphärenvermischung durch die Anwendung des § 128 HGB analog erweitert.

Für die Gesellschafter der Komplementär-Auslandsgesellschaft kann nichts anderes gelten. Auch sie sind mittelbare Gesellschafter der deutschen Kommanditgesellschaft und haben im Falle der Sphärenvermischung bewusst die Trennung der juristischen Person bzw. der beschränkt haftenden Entität und der Vermögenssphäre des hinter dieser Entität oder juristischen Person stehenden Gesellschafters missachtet. Über das Überschreiten dieser Trennungsprinzipien kann nur diejenige Rechtsordnung entscheiden, die sie auch aufgestellt hat.[159]

---

158 MüKoBGB/*Kindler*, Internationales Wirtschaftsrecht Teil 10: Internationales Handels- und Gesellschaftsecht [Kaufleute, Juristische Personen und Gesellschaften], Rn. 614 m. w. N.
159 BGHZ 78, 318 ff.; MüKoBGB/*Kindler*, Internationales Wirtschaftsrecht Teil 10: Internationales Handels- und Gesellschaftsrecht [Kaufleute, Juristische

Durch die Regelungen der Art. 1 Abs. 2 lit. f Rom I-VO und Art. 1 Abs. 2 lit. d Rom II-VO ist nunmehr festgeschrieben, dass sich die Außenhaftung der Gesellschafter gegenüber den Gesellschaftsgläubigern nach dem internationalen Gesellschaftsrecht richtet und nach dem jeweiligen Gesellschaftsstatut zu entscheiden ist.[160] Zusätzlich ist es nach der Rechtsprechung des BGH für beherrschte Gesellschaften auch unerheblich, ob sich der Durchgriffsanspruch gegen die Kommanditisten als Gesellschafter, die an einer deutschen Gesellschaft beteiligt sind, oder gegen die Gesellschafter der Komplementär-Auslandsgesellschaft richtet, da allein das Recht der Kommanditgesellschaft auch für mittelbare Gesellschafter relevant ist.[161]

Im Ergebnis richtet sich die Haftung der Gesellschafter einer deutschen Kommanditgesellschaft wegen Sphärenvermischung daher nach § 128 HGB analog und somit ausschließlich nach deutschem Recht.

3.4 Zusammenfassung der anwendbaren Rechte

Aus den vorangegangenen Überlegungen folgt, dass für sämtliche Ansprüche, die als Durchgriffshaftungsansprüche behandelt werden, im Ergebnis deutsches Recht, zumindest in der Regel, anzuwenden ist. Die Haftung wegen existenzvernichtenden Eingriffs folgt dem Deliktsstatut. Danach ist das Recht des Staates maßgeblich, in dem der Schaden entstanden ist. Das ist bei einer deutschen Kommanditgesellschaft folglich Deutschland. Die Haftung wegen materieller Unterkapitalisierung ist ebenfalls nach dem Deliktsstatut einzuord-

---

Personen und Gesellschaften], Rn. 618; *Schiessl*, RIW 1988, 951, 952; *Schiessl*, DB 1989, 513, 516; *Ebenroth/Offenloch*, RIW 1997, 1, 9.
160 BeckOK BGB/*Spickhoff*, VO (EG) 593/2008 Art. 1 Rn. 43; BeckOK BGB/*Spickhoff*, VO (EG) 864/2007 Art. 1 Rn. 15; MüKoBGB/*Junker*, Rom II-VO Art. 1 Rn. 36; MüKoBGB/*Martiny*, Rom I-VO Art. 1 Rn. 66; MüKoBGB/*Kindler*, Internationales Wirtschaftsrecht Teil 10: Internationales Handels- und Gesellschaftsrecht [Kaufleute, Juristische Personen und Gesellschaften], Rn. 619.
161 BGH, Urteil vom 13.12.2004 – II ZR 256/02 = NZG 2005, 214.

nen, und auch dort ist der maßgebliche Ort der Ort des Geschäftsbetriebs, was ebenfalls für die Anknüpfung an deutsches Recht bei einer deutschen Kommanditgesellschaft spricht. Letztlich ist der Anspruch wegen Sphärenvermischung nach dem Gesellschaftsstatut einzuordnen, wonach ebenfalls für die deutsche Kommanditgesellschaft deutsches Recht anzuwenden ist.

4 Fazit

Die grenzüberschreitende Typenmischung bringt, wie gezeigt, viele Sonderprobleme mit sich. Diese Probleme wurden, rechtshistorisch betrachtet, bereits bei der GmbH & Co. KG aufgrund der Typenmischung innerhalb des deutschen Rechts erstmals hervorgebracht und durch die Rechtsprechung und Literatur eingehend behandelt. Die Abstrahierung der Typenmischung in die grenzüberschreitende Typenmischung führt sodann dazu, dass die Möglichkeit dieser Gestaltung zwar weitestgehend anerkannt ist, doch wurden zu den sich daraus ergebenden Problemen hinsichtlich des Gläubigerschutzes noch keine ausgiebigen Urteile gefällt.

Im Ergebnis können für die Durchgriffshaftung bei einer Auslandsgesellschaft & Co. KG zum jetzigen Stand folgende Thesen aufgestellt werden:

- Die Durchgriffshaftung bildet auch im Kontext einer Auslandsgesellschaft & Co. KG die Ausnahme und darf über die grundsätzliche Trennung der juristischen Person, der Personenhandelsgesellschaft und der Gesellschafter nur ausnahmsweise hinweggehen. Ein entsprechender Anspruch ist nur dann möglich, wenn den jeweiligen Gesellschaftern die Anknüpfung für einen Durchgriff zurechenbar ist.

- Für die Durchgriffshaftung ergeben sich aus der Rechtsprechung der Obergerichte drei wesentliche Fallgruppen, die ebenso auf die Auslandsgesellschaft & Co. KG übertragbar sind, wie sie auf die GmbH & Co. KG übertragen wurden. Diese drei Fallgruppen sind, wie nachfolgend aufgezählt, differenziert zu behandeln.

- Die Haftung wegen eines existenzvernichtenden Eingriffs bildet einen indirekten Durchgriffsgrund, der an die Kapitalerhaltungsregelungen angelehnt ist, diese in den Worten des BGH sogar verlängert und daher nur einen Anspruch der Kommanditgesellschaft gegen ihre (mittelbaren) Gesellschafter begründen kann. Insoweit sind die Leitlinien der Rechtsprechung des BGH seit seiner „Trihotel"-Entscheidung unmittelbar auf die Auslandsgesellschaft & Co. KG übertragbar, wobei der Rechtsgedanke der §§ 30, 31 GmbHG analog anzuwenden ist, jedoch unter Berücksichtigung der ausländischen Stammkapitalziffern.

- Die Haftung wegen materieller Unterkapitalisierung wird als Fallgruppe zwar weiterhin in der Literatur angenommen, kann wie aufgezeigt jedoch nicht mehr als echter Fall einer Durchgriffshaftung gelten. Bereits nach deutschem Recht ist fraglich, woher eine Pflicht zur Ausstattung einer Kapitalgesellschaft mit einem ausreichenden Mindestkapital herrühren soll. Bei der GmbH & Co. KG ergeben sich dabei bereits die ersten Übertragungsprobleme, da die Kommanditgesellschaft selbst kein Eigenkapital kennt. Soll diese Fallgruppe nunmehr auch für die Auslandsgesellschaft & Co. KG gelten, würde das im Umkehrschluss bedeuten, dass über die Hintertür ausländischen Gesellschaften aufgetragen würde, unabhängig von den für sie geltenden Gründungsrechten ein ausreichendes Mindestkapital zu Verfügung zu stellen. Eine solche Übertragung ist abzulehnen. Es ist vielmehr richtig, diese Fallgruppe bereits für das Recht der Kapitalgesellschaften in Deutschland abzulehnen.

- Die Haftung wegen Sphärenvermischung nach §§ 128, 129 HGB analog gilt unmittelbar für die (mittelbaren) Gesellschafter der Auslandsgesellschaft & Co. KG. Diese beteiligen sich an einer deutschen Kommanditgesellschaft und müssen daher das deutsche Gesellschaftsrecht gegen sich gelten lassen. Das gilt unabhängig von der Frage, ob sie als Gesellschafter der Komplementär-Auslandsgesellschaft oder als Kommanditist die Vermögenssphären vermischen. Für die Gesellschafter der Komplementär-Auslandsgesellschaft wird in diesen Fällen die Trennung zwischen juristischer und natürlicher Person aufgehoben. Für

Kommanditisten wird die Haftungsbeschränkung der §§ 171, 172 HGB aufgehoben, und sie haften nicht nur unmittelbar den Gesellschaftsgläubigern gegenüber, wie gesetzlich vorgesehen, sondern auch ohne die Möglichkeit, sich auf die Haftungsbeschränkung zu berufen.

– Die aufgeführten Thesen zeigen, dass das behandelte Thema seit über 100 Jahren für die GmbH & Co. KG Bedeutung hat und mit der grenzüberschreitenden Typenmischung in der Auslandsgesellschaft & Co. KG auch in Zukunft weiter von Bedeutung sein wird. Ob dogmatisch die Rechtsentwicklung dabei abgeschlossen ist oder in Zukunft neue Entwicklungen zu erwarten sind, bleibt abzuwarten. Insbesondere wird sich zeigen, wie sich der BGH zu den aufgezeigten Fragen in Zukunft positionieren wird.

5 Literaturverzeichnis

Bayer, Walter/Hommelhoff, Peter u. a.: Lutter/Hommelhoff GmbH-Gesetz, 21. Auflage 2023.

Binz, Mark K./Sorg, Martin H.: Die GmbH & Co. KG im Gesellschafts- und Steuerrecht, 12. Auflage, 2018.

Canaris, Claus-Wilhelm/Habersack, Mathias u. a.: Handelsgesetzbuch Großkommentar, Band 4, 5. Auflage 2015.

Drescher, Ingo/Fleischer, Holger u. a.: Münchner Kommentar zum HGB (MüKoHGB), 4. Auflage 2019 und 5. Auflage 2022.

Duys, Oliver: Die Auslands-Kapitalgesellschaft & Co. KG, 2001.

Ebenroth, Carsten Thomas/Offenloch, Thomas: Kollisionsrechtliche Untersuchung grenzüberschreitender Ausgliederungen, RIW 1997, 1 ff.

Eidenmüller, Horst u. a.: Ausländische Kapitalgesellschaften im deutschen Recht, 2004.

Fleischer, Holger/Hahn, Jakob: Zur unbeschränkten Haftung des herrschenden Kommanditisten, NZG 2018, 1281 ff.

Hau, Wolfgang/Poseck, Roman: BeckOK BGB, 65. Edition Stand 01.02.2023.

Häublein, Martin/Hoffmann-Theinert, Roland: Beck'scher Online-Kommentar (BeckOK) HGB, 39. Edition Stand 15.01.2023.

Heidel, Thomas/Schall, Alexander: Handelsgesetzbuch Handkommentar, 3. Auflage 2020.

Henssler, Martin: beck-online.Großkommentar zum HGB (BeckOGK), Stand 15.02.2023.

Henssler, Martin/Strohn, Lutz: Gesellschaftsrecht, 5. Auflage 2021.

Hirte, Heribert/Bücker, Thomas: Grenzüberschreitende Gesellschaften, 2. Auflage 2006.

Hölzle, Gerrit: Materielle Unterkapitalisierung und Existenzvernichtungshaftung -Das Phantom als Fallgruppe der Durchgriffshaftung, ZIP 2004, 1729 ff.

Hopt, Klaus J: Handelsgesetzbuch, 42. Auflage 2023.

Immenga, Ulrich: Besprechung der Entscheidung BGHZ 60, 324, ZGR 1975, 487 ff.

Joost, Detlev/Strohn, Lutz: Ebenroth/Boujong/Joost/Strohn (EBJS) Handelsgesetzbuch, 4. Auflage 2020.

Klöhn, Lars/Schaper, Martin: Insolvenzverschleppungshaftung, Zahlungsverbot und Kapitalerhaltungsrecht in der Ltd. & Co. KG, ZIP 2013, 49 ff.

Koller, Ingo/Kindler, Peter u. a.: Handelsgesetzbuch Kommentar, 9. Auflage 2019.

Lieder, Jan/Hoffmann, Thomas: Kleine Phänomenologie der Kommanditgesellschaft, NZG 2021, 1045 ff.

Lutter, Marcus: Die zivilrechtliche Haftung in der Unternehmensgruppe, ZGR 1982, 244 ff.

Lutter, Marcus: Europäische Auslandsgesellschaften in Deutschland, 2005.

Oetker, Hartmut: Handelsgesetzbuch Kommentar, 7. Auflage 2021.

Pinner, Albert: Anmerkung zu RFH, Urteil vom 27.11.1925 – V A 258/25 S, JW 1926, 1483 f.

Pöschke, Moritz/Steenbreker, Thomas: Kapitalerhaltung in der GmbH & Co. KG, NZG 2015, 614 ff.

Reichert, Jochem: GmbH & Co. KG, 8. Auflage 2021.

Röhricht, Volker/Graf von Westphalen, Friedrich u. a.: Handelsgesetzbuch Kommentar, 5. Auflage 2019.

Rosse, Tilmann: Gerichtsstand für eine Klage gegen die EU-ausländischen Gründungsgesellschafter einer AG wegen Unterkapitalisierung am früheren Sitz der Gesellschaft vor Sitzverlegung und Insolvenzantrag, EWiR 2005, 389 f.

Säcker, Franz Jürgen/Rixecker, Roland u. a.: Münchner Kommentar zum BGB (MüKoBGB), 8. Auflage 2021, Band 13.

Schall, Alexander: Das Kornhaas-Urteil gibt grünes Licht für die Anwendung des § 64 GmbHG auf eine Limited mit Sitz in Deutschland – Alles klar dank EuGH!, ZIP 2016, 289 ff.

Schiessl, Maximilian: Haftung im grenzüberschreitenden Konzern, RIW 1988, 951 ff.

Schiessl, Maximilian: Umstrukturierung amerikanischer Tochtergesellschaften zur Vermeidung einer Durchgriffshaftung der deutschen Mutter?, DB 1989, 513 ff.

Schlichte, Johannes: Existenzvernichtungshaftung in der Ltd. & Co. KG, DB 2006, 2672 ff.

Schlichte, Johannes: Kapitalerhaltung in der Ltd. & Co. KG, DB 2006, 1357 ff.

Schmidt, Claudia: Der Haftungsdurchgriff und seine Umkehrung im internationalen Privatrecht, 1993.

Schmidt, Jessica: Im Labyrinth des Gesellschaftskollisionsrechts: Gründungstheorie statt „zurück auf die Trabrennbahn", EuZW 2021, 631 ff.

Schmidt, Karsten: Zivil- und Zivilprozeßrecht, Anmerkung zu BGH, Urteil vom 08.07.1970 – VIII ZR 28/69, JZ 1970 687 ff.

Schmidt, Karsten: Kapitalaufbringung, Kapitalerhaltung und Unterkapitalisierung bei der GmbH & Co. KG, DB 1973, 2227 ff.

Schmidt, Karsten: Kapitalsicherung in der GmbH & Co. KG: Schlußbilanz oder Zwischenbilanz einer Rechtsfortbildung?, GmbHR 1989, 141 ff.

Schmidt, Karsten: Gesellschaftsrecht, 4. Auflage 2002.

Schweizer, Kerstin: Die (Durchgriffs-)Haftung der Gesellschafter in der „kleinen" Kapitalgesellschaft und die Grenzen der Dogmatik, ZVglRWiss 2019, 7 ff.

Teichmann, Christoph: Die Auslandsgesellschaft & Co., ZGR 2014, 220 ff.

Teipel, Klemens: Die Bedeutung der lex fori für die Anknüpfung des Haftungsdurchgriffs, 1994.

Ulmer, Peter: Gläubigerschutz bei Scheinauslandsgesellschaften, NJW 2004, 1201 ff.

Westermann, Harry/Wertenbruch, Harm Peter: Handbuch Personengesellschaften, 81. Lieferung 09.2021, AG & Co. KG, SE & Co. KG, Stiftung & Co. KG, Limited & Co. KG.

Winkler, Karl: Die Haftungsverfassung der GmbH & Co. (KG), NJW 1969, 1009 ff.